# Les religions

## PRINCIPAUX OUVRAGES DU MÊME AUTEUR

Beauchesne

*Connaissance du Vatican*, 1967 ; nouv. éd. 1974 ; trad. italien, portugais, espagnol, allemand, polonais, coréen, japonais.

Desclée

*L'abbé Louis Bautain. Un essai de philosophie chrétienne au XIX^e^ siècle*, 1961.
*L'Eglise au défi des cultures*, 1989 ; trad. anglais, 1994.

Bayard - L'Emmanuel

*Rome Pèlerinage*, édition refondue, 1977 ; trad. italien, 1999.

Mame

*Dieu et la liberté*, 1992, trad. italien, espagnol et portugais.

Mazarine

*Un Pape, pour quoi faire ?*, 1980 ; trad. allemand et hongrois.

Editions SOS

*Eglise et Cultures*, 1980 ; trad. italien, espagnol et russe.
*XIX^e^ siècle, siècle de grâces*, 1982.

Presses Universitaires de France, coll. « Que sais-je ? »

*Le Pape*, 1980 ; 3^e^ éd. refondue, 1997 ; trad. italien, 1988 ; polonais, 2000.
*Le Vatican*, 1981 ; trad. italien et chinois ; 2^e^ éd. mise à jour, 1994 ; trad. arabe, 1997.
*La Foi catholique*, 1982 ; 2^e^ éd. 1993 ; trad. italien, 1985 ; russe, 1992 ; croate, 1995 ; bulgare, 1997.
*Le Concile Vatican II*, 1983 ; trad. italien et chinois ; 2^e^ éd. refondue, 1996.
*Les Religions*, 1987 ; 7^e^ éd. 2001 ; trad. espagnol, italien, portugais, polonais, arménien, vietnamien.

Nouvelle Cité

*Prier 15 jours avec Paul VI*, 1997 ; trad. italien, 2001.

Plon-Mame

*Le christianisme à l'aube du III^e^ millénaire*, 1999 ; trad. italien, 2000.

### OUVRAGES PUBLIÉS SOUS SA DIRECTION

Beauchesne

*Une certaine idée de l'Europe. Christianisme et identité nationale*, 1994 ; trad. italien.

Desclée

*Nous croyons en Jésus-Christ, 115 chrétiens répondent à Mgr Poupard*, 1980.
*L'Eglise devant le défi de l'athéisme contemporain*, 1982 ; trad. italien et portugais.
*Science et Foi*, 1982 ; trad. italien, 1986.
*Galileo Galilei, 350 ans d'histoire, 1633-1983*, 1983 ; trad. italien, anglais et polonais.
*La morale chrétienne demain*, 1985 ; trad. italien, 1987.
*La foi et l'athéisme dans le monde*, 1988 ; trad. italien et espagnol, 1989.

Desclée de Brouwer

*Après Galilée. Science et Foi : nouveau dialogue*, 1994 ; trad. italien, 1996.

Mame

*Christianisme et culture en Europe. Mémoire-Conscience-Projet*, 1992 ; trad. italien, espagnol, russe, polonais, allemand, portugais.
*Nouvelle Europe. Reconquête de la liberté et défi du libéralisme*, 1993 ; trad. italien, espagnol, 1994.

Presses Universitaires de France

*Dictionnaire des religions*, 3^e^ éd. revue et augmentée, deux volumes en coffret, 1993 ; trad. espagnol, 1987, et italien, 1988 ; 3^e^ éd. italienne, 2000 ; 5^e^ éd. espagnole, 1997.

QUE SAIS-JE ?

# Les religions

PAUL POUPARD
Cardinal Président du Conseil Pontifical de la Culture

*Septième édition mise à jour*

*45e mille*

ISBN 2 13 052028 6

Dépôt légal — 1re édition : 1987
7e édition mise à jour : 2001, juillet


6, avenue Reille, 75014 Paris

# INTRODUCTION

Dans sa monumentale *Histoire des croyances et des idées religieuses,* Mircea Eliade relève la permanence du phénomène religieux, son unité fondamentale et l'inépuisable nouveauté de son expression. Le mythe du primitif, la croyance naïve au progrès uniforme et continu où l'avènement de l'*homo sapiens* entraînait la disparition de l'*homo religiosus,* l'évolutionnisme simpliste ont fait long feu. L'historien Toynbee le reconnaissait : il n'est jusqu'à nos jours aucune grande civilisation qui n'ait été religieuse. Car l'homme est par nature *homo religiosus.* Il est toujours avide d'une spiritualité et d'une foi dans l'au-delà associée à la foi en cette vie (Georges Friedmann).

Depuis des millénaires, de par son universalité conjointe à une extrême diversité, le phénomène religieux n'a cessé de nourrir la réflexion des hommes et de susciter à travers les grands espaces socioculturels qui se partagent le monde des interrogations essentielles. Dans sa *Déclaration sur les relations de l'Eglise avec les religions non chrétiennes,* le 28 octobre 1965, le Concile œcuménique Vatican II présente ainsi cette quête fondamentale :

« Les hommes attendent des diverses religions la réponse aux énigmes cachées de la condition humaine, qui, hier comme aujourd'hui, troublent profondément le cœur humain : Qu'est-ce que l'homme? Quels sont le sens et le but de la vie? Qu'est-ce que le bien et qu'est-ce que le péché? Quels sont l'origine et le but de la souffrance? Quelle est la voie pour parvenir au vrai bonheur? Qu'est-ce que la mort, le jugement et la rétribution après la mort? Qu'est-ce enfin que le mystère dernier et ineffable qui entoure notre existence, d'où nous tirons notre origine et vers lequel nous tendons ?

« Depuis les temps les plus reculés jusqu'à aujourd'hui, on trouve dans les différents peuples une certaine sensibilité à cette force cachée qui est présente au cours des choses et aux événements de la vie humaine, parfois même une reconnaissance de la Divinité suprême, ou encore du Père. Cette sensibilité et cette connaissance pénètrent leur vie d'un profond sens religieux. Quant aux religions liées aux progrès de la culture, elles s'efforcent de répondre aux mêmes questions par des notions plus affinées et par un langage plus élaboré. »

Le désir de Dieu est inscrit dans le cœur de l'homme. En lui seul il trouve la vérité et le bonheur qu'il ne cesse de chercher, germe d'éternité qu'il porte en lui-même, irréductible à la seule matière, ouvert à l'infini. *Homo religiosus,* « L'homme passe infiniment l'homme » (Pascal). Il est inlassablement épris de Dieu : « Tu nous as faits pour Toi, Seigneur, et notre cœur est inquiet, tant qu'il ne trouve pas son repos en Toi » (saint Augustin, *Confessions*).

« Depuis l'âge de la pierre jusqu'à l'ère atomique, subissant d'étonnants changements et de multiples métamorphoses, la religion vit indissolublement unie à l'esprit humain, à la culture mondiale. Elle coule à pleins bords, désormais, la rivière de la religion » (Alexandre Men, *Les sources de la religion*). Ses affluents sont multiples, ses expressions innombrables.

Le *Dictionnaire des religions* que j'ai publié avec le concours de 200 spécialistes de la science des religions, des religions anciennes, de la Bible et du judaïsme, du christianisme et de son histoire, et des autres religions actuelles d'Afrique, d'Asie et d'Océanie présente sous forme de lexique et dans l'ordre alphabétique les religions qui ont marqué depuis les origines jusqu'à nos jours l'évolution intellectuelle et spirituelle de l'humanité. Le présent « Que sais-je? » reprend ces données essentielles, sous forme succincte.

Le phénomène religieux est en effet « à la une » de l'actualité. Après l'épopée du scientisme, les avatars du matérialisme, la poussée de la sécularisation, la diffusion de l'indifférence devant l'éclipse du sacré, le religieux revient avec éclat, du foisonnement des sectes à l'éclosion des mouvements charismatiques. Dieu refleurit au cœur des cités séculières. Son attrait ébranle les sociétés sécularisées. Sa force mobilise de nouveau les hommes en quête d'amour et de justice, de vérité et de liberté. L'*homo religiosus* n'émerge pas seulement des mondes anciens : paléolithique, néolithique, hittite, égyptien, grec, romain, étrusque, celte, germain, slave, méso-américain. Il est au cœur des grandes religions d'Asie (hindouisme, bouddhisme, taoïsme), d'Afrique et d'Australie. Il vit sa foi avec ferveur dans les trois religions qui constituent la postérité d'Abraham : juive, chrétienne, musulmane.

Bien loin de s'accompagner, comme certains l'avaient cru, d'un dépérissement progressif du sentiment religieux, la modernité « désenchantée » (M. Weber) par l'écart croissant entre l'infini des désirs de l'homme et la finitude de son existence, son appétit illimité de bonheur et son fardeau inéluctable de malheur, sa volonté de vivre et sa certitude de mourir, se cherche de nouvelles raisons d'espérer malgré tout. Lamennais au siècle dernier s'inquiétait : « Le siècle le plus malade n'est pas celui qui se passionne pour l'erreur, mais le siècle qui néglige, qui dédaigne la vérité. » Mais déjà le jeune Victor Hugo lui avait répondu par avance (*Odes et Ballades,* 1824) : « Il faut le dire et le redire, ce n'est pas un besoin de nouveauté qui tourmente les esprits, c'est un besoin de vérité ; et il est immense. » Ajoutons aujourd'hui : un besoin non moins infini de bonheur. L'aspiration au bonheur est au cœur de l'histoire, comme de chaque existence personnelle. Et le riche terreau de l'expérience humaine a vu surgir un nombre étonnant de religions, pour répondre à ce désir de bonheur, à ce besoin de salut, à cette quête d'espérance. « L'avenir est à ceux qui auront su donner aux générations de demain des raisons de vivre et d'espérer » (Concile Vatican II).

Le marxisme-léniniste athée, avec tous les moyens d'un pouvoir totalitaire moderne, avait prétendu éliminer la foi du cœur de l'homme et le christianisme de la société. Sa tentative de créer un monde sans Dieu a abouti à un monde inhumain. Sa faillite retentissante fait redécouvrir à beaucoup le caractère indispensable de Dieu pour l'homme.

En quête de cohérence et de bonheur, de communion et de réconciliation, de sagesse et de salut, l'homme de l'ère informatique comme celui des cavernes fait dans l'expérience religieuse la découverte du sacré qui fonde son existence, transcende sa finitude et assure à son odyssée terrestre son ancrage et son avenir éternels.

Chapitre I

# A LA DÉCOUVERTE DES RELIGIONS[1]

## I. — Histoire comparée des religions

Dès le lendemain de la conquête d'Alexandre, l'interprétation grecque des religions orientales témoigne des premières tentatives de comparatisme religieux. Depuis lors, l'importance de la dimension religieuse de la vie des peuples comme le caractère polymorphe de ses expressions dans les diverses civilisations n'ont cessé de manifester la constance patente ou latente de la référence au divin et de susciter de multiples interprétations. Mais, si les structures de la pensée et de la vie religieuses plongent dans un métahistorique, l'histoire des religions est, avant tout, l'étude de la religion dans le contexte du vécu historique et culturel. Selon la formule d'U. Bianchi, « l'histoire des religions s'intéresse au développement des faits, la phénoménologie des religions s'occupe des structures ». Le comparatisme ne doit dès lors jamais tendre vers une réduction *ad unum* des croyances religieuses. A ce danger n'ont pas échappé les chercheurs qui ont prétendu identifier, au moyen de la recherche comparée, un minimum embryonnaire (Tylor, Durkheim, Mauss, Lévy-Bruhl)

1. Julien Ries et Michel Delahoutre.

ou, à l'autre extrême, ceux qui voient dans le sentiment du sacré l'élément ultime de l'expérience religieuse au point de parler d'*Una sancta religionum* (Heiler).

## II. — L'apport de G. Dumézil

La recherche comparée en histoire des religions se trouve renouvelée par la méthode du comparatisme génétique de G. Dumézil. Prenant son point de départ dans le dossier indo-européen établi par les comparatistes du XIXe siècle, spécialement par M. Müller et par J. Frazer, Dumézil suit la voie des correspondances de vocabulaire ouverte par Vendryes et comprend rapidement la nécessité d'abandonner le comparatisme onomastique pour s'orienter vers un comparatisme conceptuel. Il s'arrête à la notion de structure et il étend sa recherche comparée à tout le domaine indo-européen : théologie, sociologie, symbolique, mythologie, littérature. Marchant sur les traces laissées par les Indo-Européens aux IIIe et IIe millénaires, Dumézil fait l'étude comparée des faits religieux et institutionnels, des mythes et des rituels dans leurs articulations et dans leur signification logique. Il s'attache à la langue, technique fondamentale de tout groupe humain. Son maintien comme vocabulaire de l'organisation sociale, témoigne de la permanence de fragments importants de l'ancien système de pensée : c'est le cas de la religion, théologie et idéologie. La mise en évidence des correspondances est l'objet propre de l'étude comparative. Dumézil ne cherche pas un prototype comme fait la typologie, mais le système, les structures de la civilisation et de la religion. La recherche comparée aboutit à une herméneutique, à savoir l'explication du sens de la théologie et de l'idéologie archaïques des Indo-Européens. Il tente de découvrir la représentation logique et cohérente que l'Indo-Européen se fait des réalités qui constituent sa vie, la société, le cosmos. Pareille méthode donne une prodigieuse extension à la religion comparée. Le champ de l'étude s'étend à toute la civilisation indo-européenne et à tous ses vestiges. Les mythes prennent place dans l'ensemble de la pensée et de ses structures. La mythographie comparée devient une science auxiliaire de l'histoire des religions. La méthode dumézilienne suppose la recherche historique, archéologique, philologique. Cette méthode comparée génétique a permis de découvrir l'idéologie et la théologie tripartie fondées sur le jeu harmonieux et hiérarchisé de trois grandes fonctions : la souveraineté magique et juridique; la force physique s'appliquant à la guerre; la fécondité soumise aux deux autres, mais indispensable à leur épanouissement. Cette théologie tripartie et cette idéologie fonctionnelle se sont conservées chez les peuples indo-européens comme un héritage reçu des ancêtres communs. Dans cette pensée religieuse, la théologie ou discours sur les dieux occupe une place centrale.

## III. — **L'œuvre de Mircea Eliade**

Des vues analogues sur la recherche comparée en histoire des religions président à l'œuvre de M. Eliade. L'auteur estime que la première démarche d'une science des religions est la démarche historique, car il n'existe pas de phénomène religieux en dehors d'un contexte historique. Une assise historique suppose une documentation rassemblée par des spécialistes. La deuxième démarche est la démarche phénoménologique qui doit situer le phénomène religieux selon son échelle : phénomène original et irréductible. Ici prend place l'étude des hiérophanies, élément central de l'expérience religieuse dont le sujet est l'*homo religiosus.* L'historien des religions se trouve en présence du sacré-vécu qu'il cerne comme document grâce au témoignage de l'*homo religiosus*. Après l'analyse historique qui aboutit à la morphologie du sacré, après l'analyse phénoménologique qui débouche sur la typologie et la dépasse, la recherche comparée permet la troisième démarche, celle de l'herméneute. Si le phénomène religieux a une signification historique, il a aussi une signification transhistorique dont l'historien des religions aura la compréhension après l'avoir comparé avec des centaines ou des milliers de phénomènes semblables ou différents. Pour déchiffrer ces phénomènes, il faut avoir recours à la méthode comparative. Une première voie herméneutique consiste à comprendre le message tel qu'il est perçu par l'*homo religiosus.* Symbole et mythe sont révélateurs du message. Eliade a particulièrement développé l'importance que représente le message du mythe pour l'homme des sociétés archaïques. Mais, pour lui, l'histoire des religions ouvre une seconde voie herméneutique, à partir de la question : est-ce que le sacré-vécu a un sens pour l'homme moderne ? A ses yeux la réponse est affirmative. Elle se situe au niveau de la recherche des valeurs présentes dans la pensée religieuse des peuples.

## IV. — **L'expérience religieuse**

Par opposition à ce qui, dans les religions, est vécu de façon purement formaliste, compris de l'extérieur, ou analysé de façon purement rationnelle, l'expérience religieuse fait référence à ce qui est immédiatement perçu, vécu intérieurement avant toute analyse et toute formulation rationnelle. C'est la réponse vécue de l'homme concret qui se trouve, grâce à une religion donnée, en face d'un mystère ou d'une puissance mystérieuse.

En fait, il n'y a pas une, mais de multiples expériences religieuses. Chaque phénomène religieux constitue une expérience *sui generis* suscitée par la rencontre de l'*homo religiosus* avec le sacré. Chaque religion privilégie un ou plusieurs types d'expérience religieuse et dans le même temps en occulte ou interdit d'autres.

Cependant, au-delà de cette diversité, s'est posée depuis le siècle dernier, la question de l'essence de la religion ou de son fondement. Y a-t-il une structure spécifique de l'expérience religieuse? Ou s'agit-il d'une certaine modalité du social (Durkheim)? S'agit-il d'une certaine forme de la sensibilité ouverte sur la catégorie fondamentale du sacré (R. Caillois) ou sur le numineux, le transcendant et l'ineffable (R. Otto)? S'agit-il, à travers les hiérophanies, d'un rapport symbolique avec le transcendant (M. Eliade)? Jusqu'à présent, aucune définition, et leurs auteurs en sont souvent conscients, n'a réussi à rendre compte de la totalité et de la diversité de l'expérience religieuse.

Il en résulte pour l'étude des phénomènes religieux un certain nombre de conséquences pratiques. Tout d'abord, puisque tout phénomène religieux est un phénomène humain ouvert au transcendant, mais enraciné dans une culture, sa connaissance peut être recherchée par l'histoire, la sociologie, l'ethnologie, la psychologie des profondeurs, l'anthropologie, etc. Mais la méthode la plus appropriée est sans nul doute la phénoménologie, science qui saisit les phénomènes religieux et explique les expériences vécues dans leur signification pour l'homme qui les vit (G. van der Leeuw).

D'autre part, une étude des phénomènes religieux suppose toujours une certaine sympathie, c'est-à-dire la faculté de participer à une expérience donnée, en éprouvant dans une large mesure les mêmes sentiments et en expérimentant la même signification qu'éprouve l'homme religieux dans une situation donnée. Une rencontre avec des hommes qui vivent telle ou telle religion est même indispensable car elle nous en apprend souvent davantage que bien des études abstraites ou livresques. A plus forte raison un séjour auprès d'un Maître ou dans une communauté est souhaitable pour entrer dans une spiritualité. Certains auteurs, comme R. Panikkar, vont même jusqu'à dire que la rencontre des religions, et donc des hommes religieux, est un acte religieux qui doit être vécu comme tel, et que la meilleure manière de se préparer à cette rencontre n'est pas de faire table rase de ses propres convictions, mais, au contraire, de s'enraciner dans sa propre religion.

Même l'expérience mystique, qui est sans doute l'expérience religieuse la plus profonde, puisqu'elle est communion au mystère par-delà toute forme visible ou sensible, se trouve toujours reliée par sa périphérie à une religion donnée et doit s'étudier aussi dans son environnement culturel, social, religieux et surtout philosophique et métaphysique. Il est certain, en un sens, comme le souligne S. Radhakrishnan, que les religions d'Asie, taoïsme, hindouisme et bouddhisme, insistent plus sur le sujet que sur l'objet et font une part plus grande à l'expérience, car elles se présentent comme des voies, qui sont faites pour être parcourues, donc expérimentées. Mais il ne faut pas oublier — M. Eliade l'a souvent souligné — que la foi chrétienne est elle aussi une expérience *sui generis*. Partout où l'*homo religiosus* entre en contact avec le sacré, le divin ou le transcendant, il en résulte une expérience religieuse spécifique, qu'il revient à l'histoire des religions de mettre en valeur et de faire comprendre en profondeur. Selon le mot de W. Schmidt, repris par l'anthropologue anglais Evans-Pritchard, en conclusion de son ouvrage sur l'ethnologie religieuse, *Theories of Primitive Religions*, 1965 (trad. franç., *La religion des primitifs à travers les théories des anthropologues*, 1971) : « Il n'est pas douteux que celui qui saisira le mieux la religion sera celui dans la conscience duquel l'expérience religieuse aura un rôle à jouer. Il n'est que trop à craindre que le non-croyant parle de religion comme un aveugle des couleurs, ou un sourd d'une belle composition musicale. »

### V. — **L'absolu**

Toute religion implique une certaine recherche de l'absolu : c'est le non-relatif, l'inconditionné, l'incomposé, l'in-forme, et finalement l'in-connaissable. Libre de tout lien, de toute variation, de toute limitation, l'Absolu est également conçu de façon positive : unique, simple, pur Etre, pur Savoir, Vérité, Esprit. Chez les philosophes, l'Absolu est posé comme le fondement non fondé, l'Etre en soi, l'Acte pur d'Aristote, l'Un de Plotin, le brahman neutre des *Upanishad* et du *Vedânta,* la *Shûnyatâ* (Vacuité) des Ecoles bouddhiques, etc. Les philosophes ont parfois une idée tellement haute de l'Absolu, la Seule Réalité digne de ce nom, qu'ils en arrivent à dénier toute réalité à ce qui est relatif, conditionné, etc., et même, par voie de conséquence, toute valeur à ce qui est démarche religieuse. Pour Shankara, le monde est mâyâ, fausse apparence de réalité ou, comme on traduit souvent : illusion. Ils ont aussi tendance à n'admettre qu'un langage négatif ou apopathique. Ils ne lui reconnaissent pas un caractère personnel, car un être personnel ne peut être qu'en relation avec d'autres, et l'Absolu est, par définition, sans liens.

Les religions le nomment Yahvé, le Seigneur, Dieu, Allah, ou lui donnent un nom plus proche encore de l'expérience de l'*homo religiosus* : le Propicieux (Shiva), l'Omniprésent (Vishnou), etc. L'Absolu et Dieu, c'est la même Réalité, car ni les philosophies, ni les religions ne pourraient admettre une autre réalité au-delà. Mais c'est une Réalité vue et perçue autrement, l'une au terme de la spéculation philosophique, l'autre au terme de l'adoration et de la quête des hommes. Dans les religions, l'Absolu n'est plus l'impersonnel : il est Dieu. Il a un visage tourné vers l'homme : il est le Dieu d'Abraham, d'Isaac, de Jacob, de Jésus, de Muhammad, etc. Dans l'hindouisme, c'est Ishvara, le Seigneur, manifestation personnelle du brahman. Dans la philosophie mâdhyamika du bouddhisme, c'est le Tathâgata, manifestation personnalisée de la *Shûnyatâ.*

## VI. — **Les mystiques**

Dans les différentes religions, les mystiques ont davantage conscience d'avoir affaire à l'Absolu car ils ont pour vocation de transcender la condition humaine en plongeant leur être dans les profondeurs de l'Absolu, qu'ils continuent de nommer Yahvé, Dieu, etc.

D'abord simple adjectif signifiant caché ou relatif à un mystère, le mot mystique désigne aussi, depuis le XVIIe siècle, soit le domaine des faits mystiques — la mystique —, soit ceux qui passent par l'expérience mystique : les mystiques. Les états mystiques en constituent le fond commun. L'étude comparée des religions permet, en ce qui concerne la nature de la réalité possédée « à même », de distinguer une mystique d'immanence et une mystique de transcendance. Dans le premier cas, qui est celui de nombreux mystiques hindous, la réalité n'est autre que le sujet lui-même dans ses profondeurs abyssales, l'âtman, découvert et perçu dans une expérience ultime qui est celle du nirvikalpa samâdhi, un recueillement en soi-même, une enstase sans aucune différenciation entre le sujet et l'objet, et par conséquent une expérience ne faisant appel « au concours d'aucune autre modalité de la connaissance, à aucun adjuvant qui ne serait l'expérience elle-même » (O. Lacombe). Dans le cas de la mystique de transcendance, qui est celui des mystiques juifs, chrétiens et musulmans, l'expérience s'épanouit à l'intérieur et non au-delà ou au-dehors de la foi théologale. La réalité ultime conçue comme transcendante élève le sujet jusqu'à elle. Le spirituel est donc amené à se demander si cette réalité avec laquelle il coïncide est la cause transcendante de toutes choses ou bien si elle n'en est pas seulement la transcription terrestre. Dans ce dernier cas, il y aurait encore une médiation spirituelle entre l'Absolu et le sujet, médiation difficile à définir : fine pointe de l'âme, caverne secrète du cœur, faculté supérieure d'intuition, un lieu qui est encore celui du sujet humain, tout en étant aussi celui où se manifeste la présence de Dieu, le souffle de son Esprit.

En tout cas, les mystiques insistent tous sur la soudaineté et la brièveté de l'instant nécessaire à cette expérience, ainsi que sur son retentissement profond et durable dans leur vie. Cette expérience est une extase, une sortie ou perte de soi-même, une irruption soudaine de l'Absolu.

S'il est impossible de réduire les religions à leurs mystiques et moins encore de déclarer que toutes les religions se valent puisque les mystiques se rejoignent, on peut admettre que les mystiques des différentes religions vivent jusqu'à l'extrême les potentialités d'union que celles-ci leur offrent. Ils sont la sauvegarde vivante qui empêche les religions et les doctrines de tomber dans le dualisme, l'altérité, le formalisme, le dogmatisme, le fidéisme ou l'idolâtrie. Dans le contexte actuel de la rencontre des religions, leur témoignage a une importance capitale.

Chapitre II

# L' « HOMO RELIGIOSUS »[1]

## I. — L'apport du XIX$^e$ siècle

Le XIX$^e$ siècle est le grand siècle de la découverte du patrimoine culturel et religieux de l'humanité, découverte débouchant sur la création de nouvelles disciplines. L'égyptologie déchiffre les hiéroglyphes et pénètre dans la pensée religieuse de l'homme du Nil. L'Assyriologie décrypte les tablettes mésopotamiennes et trace la figure de l'homme de Sumer, d'Assyrie, de Babylonie. L'indianisme se penche sur les textes de l'Inde et fait parler devant nous l'hindou et le bouddhisme. Par la voix des Parsis d'abord, par les découvertes toujours plus nombreuses ensuite, l'Iran ancien se révèle et fait connaître l'homme mazdéen. Vers le milieu du siècle commence à sortir de la terre — qui depuis des millénaires cachait ses secrets — l'homme archaïque dont le visage se dessine bientôt : c'est l'*homo faber* et l'*homo sapiens* de la préhistoire. Par étapes successives, l'activité des pays colonisateurs rapproche de nous l'homme sans écriture vivant en Asie, en Australie, en Afrique, en Amérique.

Prenant fort peu en considération cet extraordinaire patrimoine religieux, plusieurs systèmes philosophi-

1. Julien Ries.

ques du XIXe siècle s'engagent sur une voie latérale. Le positivisme tourne le dos à l'histoire mais se présente comme la religion de l'homme actuel. A travers l'élaboration d'une théorie organique de la société fondée sur le schéma biologique du développement des espèces, les évolutionnistes tentent d'expliquer la religion à partir d'un donné originel = totem, *mana,* ancêtres, défunts, esprits. Avec les doctrines de L. Feuerbach et de K. Marx, s'organise une explication de l'homme religieux sur le thème de l'aliénation : l'homme areligieux serait l'homme normal.

Un autre courant traverse le XIXe siècle. Il est introduit par l'œuvre de F. Creuzer (1771-1858) et de J. J. v. Görres (1776-1848), deux auteurs qui étudient les mythes des peuples asiatiques et s'attachent au sentiment religieux et au langage symbolique que l'homme utilise dans son expérience religieuse. Ce courant est soutenu par le renouveau que connaît la pensée de Vico, par les travaux de F. Schelling (1775-1854) et par l'influence de la pensée romantique sur l'histoire des religions. La découverte du patrimoine religieux met les chercheurs en présence d'une copieuse documentation écrite, laissée par l'homme religieux. Dans le sillage des écoles philologiques et de cette nouvelle discipline qu'est la grammaire comparée, F. M. Müller amorce un retour aux origines de l'humanité. Chemin faisant, le fondateur de la religion comparée fait parler l'homme. Dans son langage, il découvre l'idée intuitive de Dieu, le sentiment de faiblesse que l'homme éprouve, sa croyance universelle en une Providence veillant sur le monde et son sens de la distinction entre le bien et le mal.

Durant les deux dernières décennies du XIXe siècle, au milieu des affrontements des écoles, des méthodes de recherche, voire des idéologies, les historiens des religions s'arrêtent de plus en plus à l'étude du phénomène religieux dans l'humanité. Il s'agit d'expliquer l'origine des croyances, les gestes et les paroles des croyants, ainsi que le comportement des fidèles des diverses religions. La notion d'homme religieux se précise davantage. Les écoles dites historiques s'arrêtent moins à l'homme qu'aux traces qu'il a laissées : livres religieux, prières et liturgies, églises et temples, statues et objets sacrés. Reprenant à leur compte divers éléments empruntés aux doctrines positivistes ou évolutionnistes, les écoles sociologiques et ethnologiques essaient d'expliquer l'origine et la configuration de l'homme religieux. Ces écoles le considèrent comme un produit de la société : ses idées, ses gestes et son comportement sont vus uniquement dans le contexte de ses relations avec la société. Cependant, certains historiens des religions — en Hollande surtout — essaient de cerner davantage le phénomène religieux lui-même et de le comprendre dans le contexte spécifique de la vie de l'homme.

## II. — Emergence de la figure de l'homme religieux au XXe siècle

**Nathan Söderblom** (1866-1931) s'attache à l'expérience du divin que fait l'homme dans les diverses religions historiques. L'homme archaïque découvre une puissance, appelée *mana*, qui n'est ni anonyme, ni impersonnelle, ni collective. Il la saisit comme une puissance spirituelle dont le dynamisme rejaillit sur son comportement. En découvrant cette force, l'homme primitif acquiert le sentiment de l'existence d'une réalité qui transcende ce monde : en lui naît le sentiment du divin. Nous ne sommes pas en présence d'un monothéisme originel. L'homme archaïque ne découvre pas une cause première, mais une réalité insolite : il a conscience d'être en présence d'Etres surnaturels doués de volonté. L'homme éprouve le sentiment du sacré qui le mène vers la conscience de l'existence de Dieu.

C'est dans ce contact avec le sacré, conçu comme une puissance de nature spirituelle, que l'homme éprouve le sentiment du divin. Certains faits historiques éclairent son cheminement. En Inde, le sacré est la source de la mystique, principe du salut et explication du monde : c'est le Brahman. Les sources classiques de la Chine parlent de Schang-ti, Seigneur Suprême, Ciel et Créateur. En Iran, les textes avestiques utilisent le mot *hvarenah*, puissance, splendeur, qui exprime la nature d'Ahura Mazda, et aussi le mot fondamental du culte mazdéen. Pour Söderblom, l'homme religieux se découvre par l'histoire de l'humanité : c'est l'homme qui entre en contact avec le sacré et prend conscience de l'existence d'une Transcendance.

**Rudolf Otto** (1869-1937) est le premier à avoir tenté d'entrer dans la psychologie de cet homme. Dans son œuvre (*Le sacré,* 1917), il distingue deux hommes : d'une part, l'homme naturel qui ne comprend pas le sens du salut; d'autre part, l'homme « qui est dans l'esprit » et jouit de l'éveil d'une disposition particulière lui permettant de découvrir les valeurs qui échappent à l'homme naturel. Cet homme éveillé et découvreur de valeurs sacrales est au cœur de l'histoire religieuse de l'humanité. Selon Otto, cet homme découvre « un élément d'une qualité absolument spéciale qui se soustrait à tout ce que nous avons appelé rationnel... et constitue... quelque chose d'ineffable » (*Le sacré,* 19). Cet élément apparaît comme un principe vivant qui est la partie la plus intime de toutes les religions, le numineux, le divin. Par voie symbolique et mystique, l'homme qui est dans l'esprit découvre et saisit le numineux. Dans cette saisie, la première étape psychologique est le sentiment de créature qui fait naître en l'homme un sentiment de dépendance. La deuxième étape est celle du *tremendum,* l'émotion religieuse qui est à l'origine de l'ascèse, de la vie héroïque, du zèle en présence du Dieu vivant. La troisième étape, celle du *mysterium* fait apparaître le numineux comme le tout autre : c'est l'*anyad Eva* des *Upnishad,* le *nihil* des mystiques, la *Shûnyatâ* des bouddhistes; c'est aussi l'élément central de toutes les liturgies. La quatrième étape, celle du *fascinans,* constitue l'expérience de la béatitude religieuse : une véritable expérience du mystère.

En vivant ces quatre étapes psychologiques, l'homme religieux découvre ce qui est valeur et ce qui est non-valeur. L'homme naturel n'a pas conscience de la profanité tandis que l'homme religieux distingue ce qui est touché par la valeur numineuse et ce qui ne l'est pas. A travers cette découverte de la valeur du numineux, il saisit l'obligation, le péché, l'obéissance et le service, le besoin de rédemption, la nécessité de la propitiation et de l'expiation.

Dans l'histoire de l'humanité, les faits, les personnes, les événements montrent une émergence progressive des éléments numineux. Ce sont les signes du sacré : ils constituent le trésor religieux de l'humanité. L'homme religieux est doué du pouvoir de contemplation et acquiert une vision intuitive du monde dans laquelle se révèle à lui l'histoire spirituelle de l'humanité. Cette faculté de divination est le privilège de ces lecteurs authentiques des signes du numineux, que sont les prophètes : fondateurs et guides des religions. Chaque prophète est un homme religieux supérieur. Parmi eux, aux yeux d'Otto, un lecteur du sacré occupe une place unique dans l'histoire religieuse de l'humanité, c'est l'homme religieux par excellence, le Fils, Jésus-Christ.

## III. — L'homme religieux et l'expérience vécue

**G. van der Leeuw** (1890-1950) s'est attaché à comprendre l'expérience religieuse vécue, ainsi que le témoignage relatif à cette expérience. La religion comporte deux faces : la face du mystère et la face de l'expérience vécue par l'homme, réponse de l'homme en face du mystère. C'est dans cette rencontre de l'homme avec la puissance, avec « l'altérité surprenante », que réside le salut préconisé par les religions : le sens de la vie, l'accroissement de la vie, l'acquisition d'une vie nouvelle. L'homme détermine sa conduite ou la modifie selon l'expérience qu'il fait en face de la puissance mystérieuse. Entre l'homme et cette puissance se forment des rapports qui conditionnent son comportement. L'historien des religions établit les faits et les documents; il les décrit et les classe dans l'inventaire culturel de l'humanité. Le phénoménologue fait une exégèse de cette documentation afin de la comprendre et d'en donner le sens en fonction de l'homme religieux qui se trouve au centre de ses préoccupations. Si Otto a surtout examiné l'homme religieux en tant que type psychologique, van der Leeuw l'a davantage étudié dans son comportement.

L'homme se trouve en présence d'un être ou d'un objet qui sort de l'ordinaire, et est revêtu d'une puissance, développe une puissance. Il lui a donné un nom : *mana* chez les Mélanésiens, *wakanda* chez les Sioux, *orenda* chez les Iroquois, *baraka* chez les arabes, *tao* chez les Chinois. L'homme a vu cette puissance à l'œuvre; il a constaté qu'elle affecte les personnes et les objets qui entrent en contact avec elle. Du fait qu'il découvre cette puissance dans des êtres ou dans des objets, il considère ceux-ci comme sacrés : pierre ou arbre sacré; eau et feu sacrés; monde céleste et figures divines, ainsi que certains personnages comme les rois, les sauveurs, les anges, les démons. Les divinités se trouvent naturellement à la première place. L'homme religieux est l'homme qui, dans sa démarche et dans son comportement, éprouve l'action de cette force transcendante présente dans des êtres et dans des objets. En se tournant vers le sacré, cet homme acquiert des forces nouvelles. Par ailleurs, le contact avec le sacré est à l'origine des diverses sacralisations qui créent des hommes religieux dépositaires du sacré : le prêtre, le roi, le prophète, le saint. C'est donc par le moyen du sacré considéré comme une puissance que van der Leeuw définit l'homme religieux : c'est l'homme qui croit en la présence d'une force, le sacré, et qui ajuste son comportement sur cette croyance.

## IV. — L' « homo religiosus » : un homme à la fois historique et transhistorique

N. Söderblom a fait la première analyse de l'expérience de l'homme dans sa rencontre avec le sacré. R. Otto a pénétré à l'intérieur de la psychologie de l'homme en train de vivre cette expérience alors que van der Leeuw s'est limité à décrire le comportement de l'homme religieux. En partant de ces recherches, au terme d'un long cheminement à travers la vaste documentation dans l'espace et dans le temps assemblée par les historiens des religions, Mircea Eliade, spécialement attentif à l'éclairage nouveau apporté par les travaux de Pettazzoni et de Dumézil, a consacré une partie essentielle de son œuvre à la présentation de l'*homo religiosus* dans ses diverses dimensions.

L'homme religieux est enraciné dans l'histoire. Il a laissé des traces de ses multiples expériences depuis le Paléolithique, à travers les grandes religions, jusqu'aux trois grands monothéismes : juif, chrétien, musulman. Dès lors, cet homme est connu d'abord par une série de démarches scientifiques qui permettent de reconstituer l'histoire des formes religieuses dans l'humanité. Eliade a tendance à privilégier deux catégories de sources : les grandes religions de l'Asie, ainsi que les traditions orales des peuples sans écriture.

A côté de cette démarche historique s'impose une démarche phénoménologique. En effet, si le phénomène religieux ne peut être compris en dehors de son contexte culturel et socio-économique, les expériences religieuses ne sont pas réductibles à des formes de comportement non religieuses. Tout phénomène religieux doit être saisi dans sa modalité propre. Il ne sera compris dans sa totalité que si l'on dépasse les aspects historiques sous leurs divers conditionnements. Tout fait religieux constitue une expérience *sui generis* suscitée par la rencontre de l'homme avec le sacré. Il faut dès lors mettre en lumière la face symbolique, la face spirituelle et la cohérence intérieure des phénomènes religieux. La démarche phénoménologique est une tentative de compréhension de l'essence et des structures des phénomènes religieux, saisis à la fois dans leur conditionnement historique et dans l'optique du comportement de l'*homo religiosus*. Il s'agit d'approfondir les articulations et les significations de ce comportement en déchiffrant les faits religieux en tant qu'expériences de l'homme dans sa tentative de transcender le temporel et de prendre contact avec la Réalité ultime.

Tout n'est pas dit au terme de cette double démarche historique et phénoménologique qui aboutit à une morphologie et à une typologie de l'*homo religiosus*. Il faut interpréter les faits identifiés, analysés, classés, puis les ordonner en une perspective générale. Il s'agit d'un travail comparé qui permet d'expliciter le message contenu dans les documents et d'interpréter l'ensemble des rencontres de l'homme avec le sacré, de la préhistoire à nos jours. Bref, l'*homo religiosus* est un homme qui transmet un message : ce message vient de l'histoire, mais il transcende l'histoire.

## V. — L' « homo religiosus » : l'expérience du sacré

L'homme religieux assume dans le monde un mode spécifique d'existence, exprimé dans un nombre considérable de formes religieuses à travers l'histoire. Cet *homo religiosus* se reconnaît à son style de vie; il « croit toujours qu'il existe une réalité absolue, le *sacré,* qui transcende ce monde-ci, mais qui s'y manifeste et, de ce fait, le sanctifie et le rend réel » (Eliade, *Le sacré et la profane,* 1955, 171). L'*homo religiosus* vit une expérience religieuse. Il se trouve dans une série de situations existentielles qui le mettent en rapport avec le monde transcendant. A travers les diverses situations assumées par lui, nous pénétrons dans son univers spirituel. Ces situations ont laissé des traces. En définitive, l'histoire des religions est l'histoire de l'*homo religiosus* saisi dans la réalité existentielle de ses croyances, de ses expériences et de son comportement. Cet homme croit à l'origine sacrée de la vie et au sens de l'existence humaine comme participation à une Réalité qui dépasse cette existence.

Ainsi, l'*homo religiosus* est l'homme qui « prend connaissance du sacré, parce que celui-ci se manifeste, se montre comme quelque chose de tout à fait différent du profane » (*Le sacré...,* 14). Le sacré se manifeste comme une puissance d'un tout autre ordre que les forces naturelles. Pour désigner cette manifestation perçue par l'*homo religiosus,* Eliade emploie le mot : *hiérophanie.* Du point de vue de sa structure, l'acte de manifestation du sacré est toujours identique : un acte mystérieux, la manifestation de quelque chose de « tout autre ». Cette manifestation est l'élément mystérieux qui constitue la nature *sui generis* de toute hiérophanie. L'histoire des religions le montre : la structure et la dialectique des hiérophanies sont toujours identiques. Ceci est capital : la vie religieuse ne comporte pas de rupture. L'expérience religieuse a la même spécificité dans l'espace et dans le temps. Elle est l'expérience existentielle de l'*homo religiosus*.

Si toutes les hiérophanies ont la même structure et dès lors se présentent comme homogènes, elles sont cependant hétérogènes du point de vue des formes : rites, mythes, formes divines, objets, symboles, animaux, plantes, hommes. Ainsi, aux yeux de l'*homo religiosus*, le sacré se manifeste en des différences de niveau, ce qui explique la grande variété dans l'expérience religieuse, de la hiérophanie inscrite dans une pierre jusqu'à la théophanie suprême, l'Incarnation de Dieu en Jésus-Christ. L'*homo religiosus* est à la fois un témoin et un messager. Le phénoménologue voit le témoin ; l'herméneute essaie de comprendre le messager et son message. Par l'étude de l'*homo religiosus*, l'histoire des religions identifie le transcendant dans l'expérience religieuse.

## VI. — **Symboles, mythes et rites**

Dans la vie de l'homme religieux, le *symbole* constitue le langage des hiérophanies. Par le symbole, le monde parle et révèle des modalités du réel qui ne sont pas évidentes par elles-mêmes. Les symboles religieux qui touchent les structures de la vie font ressortir une dimension qui transcende la dimension humaine et permettent une saisie directe de la Réalité ultime. La pensée symbolique précède le langage et fait partie de la substance de la vie religieuse. L'*homo religiosus* est un *homo symbolicus*.

L'expérience du *mythe* est aussi une expérience du sacré, car elle met l'homme en contact avec le monde surnaturel. Le mythe se présente comme une histoire vraie, sacrée et exemplaire, qui fournit à l'homme religieux des modèles pour sa conduite. Les mythes cosmogoniques, les mythes d'origine, les mythes de renouvellement, les mythes eschatologiques orientent l'activité de l'*homo religiosus* en lui donnant un message normatif. Le portant à imiter un modèle transcendant, en répétant un scénario exemplaire, le mythe maintient en l'homme la conscience du divin : grâce à lui, le monde devient transparent à l'homme religieux.

Dans le mythe, la référence à un *archétype* confère puissance et efficacité à l'action humaine. L'archétype se présente comme un modèle primordial dont l'origine se trouve dans le monde surnaturel. L'homme religieux réalise ce modèle sur terre.

*Le rite* donne force et efficacité à sa réalisation en la mettant en concordance parfaite avec l'archétype. Son effet est de conférer une dimension de réalité à l'action de l'homme religieux. Les rites d'initiation font passer l'homme de sa condition profane à une existence nouvelle marquée par le sacré. L'initiation équivaut à une mutation ontologique du régime existentiel. C'est donc par le moyen des symboles, des mythes et des rites que le sacré exerce sa fonction de médiation dans la vie de l'*homo religiosus* : il lui procure la possibilité d'entrer en contact avec la source du sacré, c'est-à-dire le sacré en tant que Réalité transcendante. En définitive, l'*homo religiosus* est un lecteur, un acteur et un messager du sacré.

Chapitre III

# RELIGIONS ANCIENNES

## I. — La religion du Paléolithique[1]

Le Paléolithique ou âge de la Pierre ancienne a duré deux millions d'années et s'est terminé vers 9000 av. J.-C. Durant cette période s'est réalisée l'émergence de l'*homo sapiens*. Au cours du Paléolithique inférieur, l'homme a inventé l'outil : galets et rognons de silex, galets taillés, industries à biface d'Europe et d'Afrique. L'homme a aussi inventé le feu et chassé le gros gibier. Durant le Paléolithique moyen (—80000 à —35000), l'homme des groupes moustériens a vécu dans des grottes, dans des abris ou en plein air. Le Paléolithique supérieur (—35000 à —9000) a connu un grand développement artistique : gravures et peintures pariétales (art franco-cantabrique), art rupestre, art mobilier. C'est l'homme magdalénien qui vit de chasse, de pêche et de cueillette.

Les Paléanthropiens ne nous ont laissé que des messages tronqués : ossements, crânes, outils de pierre, ocre rouge, mobilier funéraire, gravures, peintures rupestres. Si maigre qu'elle soit, cette documentation sur la religion de l'homme de la pierre ancienne ne nous permet pas de laisser en blanc ces deux millions

1. Julien Ries.

d'années. Est-ce que l'*homo faber,* l'*homo sapiens,* l'*homo ludens* n'était pas aussi un *homo religiosus*?

M. Eliade, à partir des traces laissées par l'*homo sapiens,* tente d'établir par méthode comparative une phénoménologie et une herméneutique. La pensée religieuse des Paléanthropiens n'étant pas fossilisable, nous sommes conduits à comparer les documents de la pierre ancienne avec des documents analogues en provenance des peuples archaïques de notre époque. Chez eux, comme auprès de fossiles vivants, nous trouvons des données certaines : le rôle des outils dans la mythologie et la vie religieuse; les croyances, les mythes et les légendes au sujet de la maîtrise de la distance; les mythologies articulées autour des lances qui s'enfoncent dans la voûte céleste ou des flèches qui volent à travers les nuages. Les peuples chasseurs actuels considèrent les animaux comme semblables aux hommes, mais dotés de pouvoirs extraordinaires. Ils croient que l'homme est capable de se transformer en animal. La mise à mort de l'animal se fait selon un rituel : os et crâne ont une valeur particulière.

Le symbolique funéraire est un élément religieux important. A partir du moustérien (—70000 à —50000), nous disposons de sépultures. La mise en terre rituelle des morts a une signification pour les vivants : précaution contre le retour du mort, croyance en une survie. Au Paléolithique supérieur, lors de l'inhumation du cadavre, celui-ci est saupoudré d'ocre rouge : substitut du sang, symbole de la vie. Dans les tombes, la présence d'un mobilier funéraire est le signe d'une croyance en la survie personnelle qu'atteste la continuation d'une activité *post mortem.* Contrairement à Leroi-Gourhan, fort réticent au sujet de la valeur religieuse des dépôts d'ossements qui ne seraient que le résultat du hasard ou l'œuvre d'ours circulant et grattant, M. Eliade pense que les faits géologiques et le comportement des ours des cavernes expliqueraient mieux l'absence de dépôts rituels. En effet, si les dépôts d'ossements provenaient, soit des dérangements géologiques, soit des ours, comment expliquer la localisation de ces dépôts le long des parois, dans des niches de rocher, dans des caissons de pierre? Dès lors, les dépôts d'ossements ont un sens religieux.

De manière générale, les grottes du Paléolithique supérieur sont considérées comme des sanctuaires inhabitables et difficiles d'accès. Il a été beaucoup écrit au sujet des animaux peints sur les parois et sur les plafonds de ces cavernes : la plupart des auteurs y voient des signes de la magie de chasse. Eliade risque une interprétation fondée sur la valeur du mythe chez les populations archaïques : les peintures rupestres seraient des représentations d'une chasse primordiale. Par ailleurs, le Paléolithique supérieur a multiplié les figurations féminines : statuettes sculptées dans la pierre, dans l'ivoire; statuettes présentes à l'intérieur de l'habitat. Il s'agit de signes de la sacralité féminine.

La documentation actuellement disponible nous permet de dire, selon Eliade, que l'homme de la Pierre ancienne connaissait des mythes : mythes cosmogoniques mettant en scène les eaux primordiales et le Créateur, ce dernier symbolisé par une figure anthropomorphique ou par un animal aquatique; mythes et rites relatifs à l'ascension au ciel; mythes et symboles de l'arc-en-ciel et de sa réplique terrestre, à savoir le pont qui relie à l'autre monde; mythes d'origine des animaux et du feu. Le Paléanthropien semble avoir connu aussi la sacralité de la voûte céleste. Le rôle décisif serait joué par les valorisations magico-religieuses du langage. « Déjà certains gestes pouvaient indiquer l'épiphanie d'une puissance sacrée ou d'un "mystère" cosmique » (M. Eliade).

## II. — Religion du Mésolithique et du Néolithique[1]

D'abord proposé par le préhistorien H. Westropp en 1866, le mot *Mésolithique* a été officialisé en 1909 par J. de Morgan pour désigner la période comprise entre le Paléolithique ou âge de la Pierre taillée et le Néolithique ou âge de Pierre polie qui se situe à l'aube de l'époque actuelle. Cette période de transition commence après —9000 pour se terminer, selon les diverses régions, entre —5000 et —3000. Dans le domaine des techniques, elle se caractérise par la richesse de l'outillage microlithique. Les coutumes funéraires comportent deux traits : d'une part, des squelettes ensevelis en position repliée, souvent colorés ou accompagnés d'ocre; d'autre part, des dépôts de crânes enrobés ou non d'ocre. A la fin du Mésolithique se forment les premiers villages.

Le mot *Néolithique,* utilisé d'abord par J. Lubbock en 1866 et consacré par J. de Mortillet en 1869, désigne la période de l'humanité allant de la Pierre taillée au Bronze. Au Proche-Orient, sur la bordure montueuse du Croissant fertile, les techniques néolithiques apparaissent très tôt : le natoufien de Palestine est daté de —7800; la néolithisation semble avoir débuté au Proche-Orient. Le Néolithique se caractérise par l'adoption de l'agriculture, de l'élevage, et de la vie sédentaire en villages.

Ces quelques millénaires nous ont laissé une copieuse documentation : dépôts de haches polies, représentations symboliques et cupules sur des parois rocheuses; monuments mégalithiques, figurations en cercles sur les parois des dolmens, temple circulaire de Stonehenge; peintures néolithiques, moins belles

1. Julien Ries.

cependant que celles du Paléolithique ; gravures sur les parois des tombes.

Peut-être est-ce au cours du Mésolithique que s'est précisée l'idée de l'ancêtre mythique, idée solidaire de la mythologie des origines du monde, du gibier, de l'homme, de la mort.

Les sépultures attestent l'importance du crâne aux yeux de l'homme mésolithique ; ce dernier découvre son « âme », son « double ». Les nombreuses trouvailles dans le domaine de l'outillage, signes de l'activité imaginaire, montrent les progrès d'une intimité toujours plus grande entre l'homme et la matière, avec la répercussion que cela comporte sur la mythologie en formation. Aux yeux d'Eliade, « les progrès réalisés pendant le Mésolithique mettent fin à l'unité culturelle des populations paléolithiques et déclenchent la variété et les divergences qui deviendront dorénavant la principale caractéristique des civilisations » (*De l'âge de la Pierre aux mystères d'Eleusis,* 1976, p. 46).

La majorité des mythes d'origine proviennent des populations agricoles pratiquant la céréaliculture et la végéculture. Un thème fréquent est celui de l'origine des plantes sorties du sacrifice d'une divinité. Sur ces mythes sont axées les cérémonies de puberté, les sacrifices, certaines cérémonies funéraires. Dans la solidarité entre le monde des humains et le règne végétal, la femme va occuper la première place : déesses-mères, cultes de la fertilité. La fécondité est un mystère religieux du fait qu'il gouverne l'origine de la vie, la subsistance de l'homme et la mort. Dans le mystère de la fécondité se situent la sacralité sexuelle, l'hiérogamie, la renaissance de la végétation, le symbolisme astral, le soleil, la lune. Durant les millénaires du Néolithique, ces valeurs religieuses sont articulées progressivement. Pour l'*homo neolithicus,* les mystères de la naissance, de la mort et de la renaissance s'éclairent grâce aux rythmes des saisons et de la végétation.

*La religion néolithique est une religion cosmique* centrée sur la rénovation périodique du monde. L'arbre cosmique se situe au centre du monde. Le scénario mythico-rituel des fêtes du Nouvel An plonge ses racines dans cette conception religieuse. Ce scénario s'est maintenu dans tout le Proche-Orient et dans le monde indo-iranien. L'expérience du temps cosmique impose son empreinte à la pensée : calendriers, conception du temps circulaire, conception du cycle cosmique. Selon Eliade, « les cosmologies, les eschatologies et les messianismes qui vont dominer pendant deux millénaires l'Orient et le monde méditerranéen, plongent leurs racines dans les conceptions des Néolithiques » (*De l'âge de la Pierre aux mystère d'Eleusis,* 1976, p. 54). A côté de cette valorisation des cycles cosmiques et du temps circulaire, nous trouvons la sacralisation de l'espace. Par des prières et des rituels, l'homme consacre l'espace dans lequel se déroule sa vie : habitation et village deviennent *imago mundi*.

M. Eliade a tracé les grandes lignes de l'édifice spirituel du Néolithique (*De l'âge de la Pierre aux mystères d'Eleusis,* 1976, p. 60-63). Il s'agit bien d'un édifice religieux, mais nous l'apercevons uniquement à travers l'interprétation des documents archéologiques, car la société néolithique n'a laissé ni textes ni traditions vivantes. Dès lors, de ce monde religieux nous n'avons qu'une vision fragmentaire obtenue grâce à une phénoménologie et une herméneutique qui font appel à la symbolique de l'*homo religiosus.* Cependant, l'analyse de la copieuse documentation néolithique permet de présenter un bilan très positif : culte des morts, cultes de fertilité, rituels du mystère de la végétation, cosmologies qui comportent le symbolisme du centre du monde. Dans l'édifice spirituel néolithique, la symbolique occupe la place centrale : elle nous permet de saisir en partie et de deviner en outre la richesse et la complexité de la pensée religieuse. Dès l'apparition des premiers textes, nous parvenons à faire la jonction avec cet univers néolithique chargé de significations profondes et longuement méditées. Les premiers textes de l'humanité expriment cette vision archaïque, mais déjà modifiée et influencée par la nouvelle civilisation : mythologie de l'âge du Fer, civilisation urbaine, royauté, corps sacerdotal organisé. Ajoutons encore que des fragments épars de cet édifice spirituel ont été conservés dans les sociétés agricoles.

### III. — **Divinité hittite**[1]

En hittite-nésite, parlé notamment dans la capitale Hattusa, la désignation de la divinité relève de la racine indo-européenne *djew-*. Le hittite *siu(ni)-* : « dieu », est donc à rapprocher de *Zeus, deus, dies, daeva-,* et peut-être du lydien *civ-*. Le statut divin est ainsi lié à ce qui est clair, lumineux. Par contre, en louvite, « dieu » se traduisait *massani/a-,* terme que continue le lycien *mahani-*. Les deux grandes familles linguistiques hittites utilisaient donc des mots différents, le terme louvite ne recevant aucune étymologie indo-européenne. Plusieurs termes relevant du domaine religieux offrent d'ailleurs des différences entre le hittite de l'Anatolie centrale et celui des régions méridionales ou louvite.

Les dieux sont immortels et s'insèrent dans le cadre de généalogies divines. Sous l'Empire se distinguent les dieux intimement liés au monde des vivants, sur lesquels règne Teshub roi, et les dieux antiques ou dieux détrônés liés au monde infernal. Lorsque les concep-

1. René Lebrun.

tions cosmiques furent bien établies en Asie Mineure, les Hittites et peut-être déjà les autochtones Hattis s'imaginaient — comme tant d'autres peuples — leurs dieux comme des esprits siégeant la plupart du temps dans les astres ou dans les zones infernales. Chaque dieu possédait sa ville sainte ou sa montagne sacrée, lieu de résidence privilégié lorsque le dieu effectuait un séjour terrestre. C'était pour lui l'occasion de se voir célébré, louangé ou de recevoir les doléances d'un orant. Les fêtes constituaient des rendez-vous privilégiés et fixes.

L'anthropomorphisme est la règle dans la religion hittite. La divinité y est conçue comme un roi ou une reine sublimés dont l'homme est le serviteur. Les dieux hittites n'ont aucun caractère métaphysique. Ils peuvent se montrer miséricordieux, être influencés ou trompés, sont faillibles et jugent l'homme avant tout sur l'aspect extérieur de ses actes. Les rapports homme-dieu sont imaginés comme une projection sublimée des rapports existant à la Cour entre le roi et ses serviteurs. Ces rapports ne sont pas dénués d'intérêt, tant dans le chef des dieux que dans celui des hommes, et ils sont régis par une harmonie contractuelle. En effet, les divinités ont besoin des hommes pour assurer leur culte, le maintien de la création et de ce fait ne peuvent s'aliéner l'humanité, tandis que les hommes doivent s'appuyer sur les dieux pour réussir dans leurs entreprises. Tout comme le roi, les dieux sont irrités par les incorrections ou les atteintes au sacré, des attitudes constituant une impolitesse ou une injustice à leur égard. Ces fautes ou négligences doivent être effacées au plus vite par l'aveu de la faute, par la magie et les offrandes réparatrices.

## IV. — Religion égyptienne[1]

La religion est le terrain sur lequel s'est développée toute la civilisation égyptienne, marquée dès sa naissance par la pensée religieuse qui a maintenu son empreinte durant des millénaires. L'art, l'écriture, la littérature, le théâtre, la médecine, la politique, l'administration, le droit ont eu, en Egypte, la religion comme fondement et comme source. Ce fait est d'autant plus clair que la naissance du pays n'a connu aucune influence étrangère. Jusqu'à la fin de l'Egypte antique, l'art sacré a marqué de ses motifs le style et les arts plastiques. La divinité du pharaon est restée la doctrine politique jusqu'aux Lagides et aux Romains. Le droit égyptien a toujours été lié à la religion par la notion religieuse de Maât. Or, « une société centrée sur la religion voit les choses du monde, y compris son propre ordre social, entre les mains de puissances divines qui fondent et garantissent le droit. Cette foi donne naissance à certaines formes de droit tenant compte des réalités concrètes, puis à leur tour ces formes terrestres du droit sont réflexées dans l'au-delà dans la mesure où l'ici-bas et l'au-delà commencent à se distinguer dans la conscience de la société en question » (S. Morenz, *La religion égyptienne,* 1962, p. 35).

1. **Le monde des dieux.** — A la juxtaposition de territoires indépendants occupés par les tribus primitives correspond une multiplicité de croyances et de cultes locaux. Ainsi fut engendré un monde des dieux où se mêlent, à travers mythes et légendes d'une grande complexité, tout un foisonnement d'entités capables d'assumer indifféremment des formes inanimées, animales, hybrides ou humaines. Dès le III$^{e}$ millénaire, à

1. Jocelyne Berlandini et Pierre du Bourguet.

la place des divinités sans doute totémiques de l'époque préhistorique, s'affirme la prépondérance de dieux liés à l'épanouissement des principales cités : Héliopolis, Memphis, Hermopolis... Ces systèmes variés mettent l'accent sur la puissance dynamique du démiurge, initiateur de sa propre création et de celle de l'univers. Dans le non-espace prétemporel du chaos primordial souvent défini comme un océan inerte, *Noun,* se manifeste soudain un premier jaillissement de vie consciente. « Quand je me fus manifesté à l'existence, l'existence exista », ainsi s'exprime le créateur incréé et autogène en se matérialisant selon des processus physiques (soleil, tertre, îlot...) ou biologiques (œuf, enfant, lotus, serpent...). Adoré depuis toujours, le disque solaire en son apparition rayonnante joue là un rôle essentiel. A Héliopolis, c'est Rê-Atoum qui crée le monde physique en émettant par masturbation et crachat le premier couple divin : Chou et Tefnout, géniteurs des autres membres de l'Ennéade : Geb et Nout, puis Osiris et Isis, Seth et Nephthys. A Hermopolis, au « matin de la première fois », le calice du lotus bleu, berceau de l'enfant-soleil (Amon-Rê, Hérichef, Harpocrate...), émerge sur le marais initial où règnent encore les divinités obscures de l'antique Ogdoade à têtes de grenouilles et de serpents. Parfois, s'y célèbre aussi un mystérieux « œuf » cosmique. A Memphis, une tradition plus spiritualisée fusionne Tatenen, « sol en émergence », à la grande figure de Ptah, maître d'œuvre de tout artisanat, modeleur des formes vivantes, auteur de la création entière par son cœur et sa langue, c'est-à-dire par la pensée consciente et la force magique du verbe.

Ainsi, le monde des dieux apparaît d'une perfection conforme au plan initial et immuable du démiurge, « âge d'Or » harmonieusement régi par l'ordre universel de Mâat, ignorant du mal. Les grands initiateurs de cosmogonies y règnent, multipliés par leurs hypostases, magnifiés par leurs symboles, souvent dotés d'une « famille » (triade), entourés d'une foule de divinités secondaires. Sur les corps étirés des femmes-vaches célestes (Mehytouret, Nout, Neith...), sur ces eaux volontiers hermaphrodites, voyagent éternellement les barques cosmiques des astres (Rê, Khepri...) ou des étoiles (Sothis, Orion...). Dans un panthéon si complexe, chaque figure divine se distingue peu à peu selon une certaine spécificité de sa nature primitive, de son caractère ou de son rôle. Dieux-artisans (Ptah, Khnoum...), maîtres des sciences sacrées (Thot, Seshat...), des ardeurs génésiques (Min, Kamoutef...), du monde funéraire (Osiris, Anubis...) ou magique (Bès, Thouëris...), se mêlent aux divinités aquatiques (Sobek...), chthoniennes (Sepa, Nehebkaou...), aux redoutables entités léontomorphes (Sekhmet, Mahès...), aux déesses-mères (Isis, Mout, Hathor...), tandis que le faucon d'Horus plane dans son espace céleste. Enfin, mythes et légendes évoquent la menace toujours présente des forces du chaos, et donc du mal et du péché : affrontements entre Seth et Horus, avatars de l'œil solaire, révolte des créatures, atteintes de la vieillesse (Rê) et même de la mort (Osiris). Ce foisonnement général n'en est pas moins traversé par de puissants courants unificateurs (monothéisme).

2. **Monothéisme égyptien.** — En parlant de monothéisme égyptien, de nombreux modernes confondent unicité et universalité, en désignant du second vocable la tendance égyptienne — qui pointe vers le premier — à unifier la multiplicité des dieux du pays. La confusion est nette à propos de l'hérésie d'Akhnaton (Aton), laquelle était une conception, proprement universaliste, d'un *même* dieu pour *tous* les peuples.

L'idée d'un monothéisme égyptien remontant aux

débuts de l'histoire, a des adversaires ou des partisans selon que les uns envisagent la multiplicité des dieux, et les autres, la reconnaissance par les Egyptiens d'*une* « Puissance » qui les domine ou les absorbe. La première position, tout en insistant sur le polythéisme apparent, ne peut lui refuser une aspiration de fond vers un dieu suprême. La seconde position met en valeur ce courant unitaire : absorption de dieux locaux les uns par les autres, qui suit l'unification territoriale et politique ; associations sur le modèle matrimonial de divers dieux réunis en un centre de culte (Cosmogonies) ; désignation de la « Puissance » par le nom du dieu (Rê, Atoum, Ptah, Amon) de chaque dynastie ou (Aton) d'un roi, souvent en outre représenté avec les traits du roi de l'époque ; remplacement de Rê par Osiris dans une prière de Ramsès IV ; emploi du mot *netjer*, « dieu » au singulier, qui s'oppose à son pluriel *netjerou* ; syncrétisme en un même être divin de dieux homonymes ; conception de dieux-hypostases du démiurge dans la Cosmogonie de Memphis.

Certains ne voient là qu'un hénothéisme, conception d'une Puissance supérieure à faces multiples, sans être pour autant un dieu personnel.

La désignation ci-dessus indiquée d'un même démiurge sous plusieurs noms n'invite-t-elle pas à pousser plus loin ? En particulier, la conception explicite et répétée au Nouvel Empire du caractère séparé (ég. *djéser*), secret (ég. *chéta*), caché (ég. *imène*), de l'habitation du dieu et de son image et celle de l'ineffabilité du démiurge n'impliquent-elles pas une différenciation totale et concentrée — la transcendance — et, par suite, la reconnaissance d'un Etre divin personnel ? Ainsi, après d'autres invocations semblables, aux XVIIIe et XIXe dynasties : « Ptah..., *le Caché, dont personne ne connaît l'être...* » (*Hymne de Berlin,* XXIIe dynastie, env. 900). Cette unicité, conçue comme sainteté — monothéisme —, paraît bien dépasser les « apparences » (Cosmogonie de Memphis) et fonder le sentiment religieux personnel chez les plus cultivés comme chez les plus humbles.

## V. — Les religions de la Grèce antique[1]

La religion grecque recouvre deux millénaires. Mais il s'en faut que, sur toute cette durée, elle n'ait pas connu de mutations fondamentales. A l'origine (XVI^e^-XII^e^ siècle av. J.-C.), une religion mycénienne est profondément tributaire des cultes préhelléniques. A l'autre extrémité du temps, une religion proprement hellénistique est marquée notamment par la divinisation des souverains, héritée d'Alexandre. Puis, une influence romaine directe introduit partout des notions sans précédent, tel le culte de la déesse Rome, jusqu'à la fin du paganisme (dernières décennies du IV^e^ siècle, premières du V^e^). Enfin, la généralisation de la religion chrétienne et le début de la période byzantine. Entre ces deux extrêmes se place la religion grecque dans ce qu'elle a de plus spécifique : la constitution d'un panthéon hellénique, reflété par Homère et davantage encore par Hésiode. Surtout, durant toutes les périodes archaïque et classique, les cultes des cités présentent à bien des égards les traits les plus caractéristiques de tout ce que le monde grec a fourni à l'histoire des religions.

1. **En toutes choses, je vois que vous êtes très religieux.** — Cette constatation dont l'apôtre Paul (Ac 17, 22) fait part aux Athéniens, après avoir visité leur cité, est aussi celle qui résulte aujourd'hui d'un examen des innombrables témoignages qui nous font connaître la Grèce antique. Le fait religieux y est omniprésent, inti-

1. Jean Servais, André Motte et Liliane Bodson.

mement mêlé à la vie des individus et des cités, solidaire aussi de leur essor culturel. En même temps, se découvre une religion fort diversifiée dans ses cultes et ses pratiques, ses représentations, ses croyances, ses courants de pensée. Car elle provient de plusieurs héritages ethniques qu'ont recueillis une multitude de régions jalouses de leurs particularismes et qui ne cesseront de se remodeler au rythme des transformations sociales et politiques, par l'intégration d'éléments étrangers, au gré aussi de l'imagination et de la réflexion, étonnamment libres, des artistes, des poètes et des penseurs. Un moment, elle semble vaciller sous le coup de théories nouvelles qui engendrent une forme d'athéisme inédite dans l'histoire occidentale. Mais par-delà ces évolutions, elle traverse les siècles et apparaît, à toutes les époques, en dépit de sa riche diversité, comme un facteur important d'unité du monde grec. L'ensemble très complexe qu'elle constitue trahit certaines manières communes de percevoir le sacré dans les réalités mystérieuses de la nature, les phénomènes psychiques et la vie sociale et politique, d'entrer en relation avec lui par de mêmes gestes et de mêmes mots, de chercher à l'élucider par l'image ou le concept, dans une quête sans cesse renouvelée.

2. **Conception du divin**. — Naturalisme, anthropomorphisme, polythéisme sont trois composantes fondamentales de la religion des Grecs. La présence du sacré, qui peut éveiller en eux des impressions mêlées à la fois de crainte, voire de stupeur, et de déférence *(thambos)*, leur a toujours été sensible en certains lieux privilégiés. Ils l'ont d'abord éprouvée dans des supports naturels, tels que les pierres (Bétyle), les sources, les arbres et les bosquets, les prairies et les grottes, les animaux. Dans cette perspective, la Nature elle-même *(physis)*, dont les êtres humains sont un des éléments,

est tout entière sacralisée et envisagée comme le réceptacle où se fondent, pour en rejaillir perpétuellement, les innombrables forces et influences ressenties comme transcendantes.

Certaines d'entre elles ont été personnifiées sous les noms de Fortune-Destinée, Justice, Violence, Paix, etc., et se manifestent surtout dans les effets de leur action sur le cours de l'existence humaine. La plupart cependant sont dotées d'une personnalité que l'imagination des Grecs a incarnée dans les figures anthropomorphes du panthéon (Aristote, *Politique,* I, 1, 1252 *b*, 24-29). Dieux et déesses *(theoi, daimones)* ne sont pas à l'abri des épreuves réservées à l'homme et bien peu d'entre eux ont échappé aux querelles et aux passions dont la mythologie a enregistré les péripéties (Homère). Mais ils ont tous reçu en partage l'immortalité bienheureuse qui marque, plus encore que leurs autres qualités, la frontière entre l'humain et le divin. Dieux et déesses sont, d'autre part, invisibles et ils évitent de se révéler dans l'éclat de leur grandeur et de leur majesté, car la vue en est, pour l'homme, insoutenable. Ils se découvrent plutôt à lui de manière indirecte, par des signes ou sous des traits d'emprunt : à la faveur d'un phénomène atmosphérique, au cours d'un songe, en s'exprimant, pour un court moment, par la bouche d'un mortel, etc.

Les divinités grecques, toutes fortement syncrétiques, sont liées à des fonctions qu'elles peuvent tantôt cumuler, tantôt se partager. Les unes (Gaia, Zeus, Poseidon, Hadès, Aphrodite) régissent les grandes puissances telluriques, les autres (Déméter, Dionysos, Artémis) les cycles biologiques, ou encore (Zeus, Athéna, Apollon, Arès, Héra, Hestia, Héphaistos, Hermès) les principes et les institutions qui garantissent, dans l'ordre politique et social, la vie des cités. Elles président aussi aux dispositions morales et déterminent les tendances du caractère. Elles percent le secret des consciences et connaissent l'avenir qu'elles dévoilent dans des présages et des oracles. Elles ont été magnifiées par d'admirables représentations de marbre ou de bronze qui n'ont pas entièrement évincé des supports plus rudimentaires (Agalma). Mais statue somptueuse ou image grossière de bois ou de pierre ne sont jamais qu'une projection dans la matière de l'idée que l'homme se fait de la divinité. Ce n'est pas à ces effigies que s'adressent les actes du culte. Prières, offrandes, sacrifices par quoi la religion prescrit d'honorer les dieux, de les louer, de les apaiser, de se les rendre favorables sont, par-delà l'apparence sensible, destinés aux êtres sacrés dont les formes matérielles symbolisent la présence.

Loin de se limiter ou de se figer, le polythéisme — auquel le totétisme et le fétichisme sont fondamentalement étrangers — est demeuré dynamique. Les dieux olympiens ne constituent eux-mêmes qu'une catégorie d'êtres surnaturels. Leur prééminence résulte des importantes fonctions qu'ils exercent au sein du panthéon, mais elle tient aussi à l'état lacuneux des sources anciennes touchant les autres classes de figures divines et à des facteurs qui sont, soit étrangers à la religion proprement dite, comme le développement de la mythologie, soit liés à la nature sociopolitique de la religion des cités. La personnalité des grandes divinités provient d'assimilations successives qui se sont produites, dès l'origine, au détriment de déités indigènes dont elles ont pris la place, assumé les fonctions et conservé le souvenir dans de multiples épiclèses, comme aussi dans les épisodes nouveaux qui sont venus s'agréger à la tradition mythique. Ce mouvement syncrétique ne s'est jamais ralenti, contribuant à l'enrichissement constant de la religion grecque.

Parmi les autres groupes d'êtres surnaturels, les

Grecs ont distingué les démons *(daimones)* et les héros *(herôes)* (Platon, *République,* III, 392 *a* - 397 *d*). Ni les uns ni les autres ne se laissent réduire à une définition simple car, selon les époques et les contextes dans lesquels ils apparaissent, ils sont porteurs de significations différentes. Le mot *daimôn,* qui peut être synonyme de *theos,* désigne la puissance sacrée, telle qu'elle intervient dans les affaires humaines, tantôt en bien, tantôt en mal, ou l'agent de tel ou tel événement. Le démon peut s'incarner dans un génie de la végétation comme Pan ou dans des puissances redoutables comme les Erinyes, esprits de la vengeance. Mais, le plus souvent, il n'a pas d'individualité définie ni même de nom particulier. Platon (*Lois,* V, 738 *d*; VII, 801 *e*) lui assigne une fonction intermédiaire entre les hommes et les dieux. A la différence des démons qui sont supérieurs à l'humanité et échappent à la mort, les héros sont des êtres semi-divins, tels qu'Héraclès ou Asclépios. Leur culte se rattache à celui qui est rendu aux morts et consacre, au moins pour certains êtres d'exception, l'accès à une autre vie plus conforme à leurs mérites que le simulacre d'existence réservé, dans l'Hadès, au commun des mortels. Aux époques hellénistique et romaine, les héroïsations et les apothéoses se sont multipliées au profit des souverains et des empereurs, souvent même de leur vivant. Une telle évolution acheva de réduire les différences déjà indécises entre les catégories d'êtres surnaturels. Celles-ci, progressivement vidées de leur contenu, étaient vouées à disparaître au profit d'autres représentations, elles-mêmes liées à une conception renouvelée du divin.

La religion grecque n'est pas morte entièrement avec le triomphe du christianisme. Elle lui a légué nombre de lieux saints, de traditions et de symboles, et quelque chose aussi de cette imagination mytho-poétique dont se trouvent encore maintes traces dans la Grèce actuelle.

Le développement culturel de l'Occident lui est grandement redevable. Dès la Renaissance, les dieux antiques connurent, dans l'art et la littérature, une étonnante résurgence qui, loin d'être une simple mode, trahissait une sensibilité et une mentalité nouvelles. Par ailleurs, l'élaboration de la théologie chrétienne a bénéficié de la réflexion métaphysique et morale des philosophes grecs. Certes, pas plus que la mythologie, la philosophie ne peut être confondue avec la religion, mais elle lui est, par certains côtés, si étroitement apparentée qu'il n'est pas davantage possible de l'en dissocier. Or, elle a véhiculé une sagesse dans laquelle l'Occident et l'Orient chrétiens ont largement puisé.

## VI. — **La religion romaine**[1]

On ne peut fixer avec certitude ses débuts bien que, selon la tradition nationale, la fondation de Rome ait eu lieu en 753 av. J.-C. Sur une longue durée de plus de douze siècles, jusqu'à la fin de la seconde guerre punique, la religion romaine s'est enrichie et développée sous l'influence d'apports italiques, étrusques puis helléniques. Détériorée, décomposée lors des graves crises internes de la fin de la République, après la restauration religieuse augustéenne, une nouvelle période s'ouvre, où la religion romaine est de plus en plus influencée par les philosophies et les cultes venus d'Orient, et où elle se transforme en une religion de plus en plus monothéiste.

1. **Une anthropologie religieuse.** — C'est dans la perspective d'une anthropologie religieuse que l'on a le plus de chance de saisir en quoi consiste, pour l'homme romain, sa « religion », ce qu'est le sacré

1. Michel Meslin.

pour lui et quelle place il lui a reconnue dans sa vie privée aussi bien que dans celle de l'Etat. Si toute religion consiste à régler d'une part les rapports de l'homme avec ses semblables et, d'autre part, avec les puissances du monde divin qu'il reconnaît comme supérieures, il convient de cerner l'action religieuse dans le tissu social où l'homme exerce ses activités et d'évaluer l'influence que la société où il agit et vit exerce sur la conscience même qu'il prend du divin et sur les expressions qu'il donne de cette conscience religieuse.

Depuis plus d'un siècle, la religion romaine a été souvent définie comme une expérience où l'acte cultuel importe plus que les dogmes et même que les valeurs proprement spirituelles. Mais le seul accomplissement du rite n'établit pas la relation entre les hommes et le divin. En effet, l'analyse sémantique du terme de *religio* montre qu'à Rome la pratique religieuse suppose un choix, dans lequel l'homme se définit par rapport aux dieux. *Religio*, c'est en effet à la fois une attention scrupuleuse de l'homme aux divers *signa* divins, à ce qu'il considère comme la manifestation de la volonté des puissances supérieures, mais c'est aussi le souci circonspect et prudent que l'homme apporte à l'accomplissement d'actions sacrées qui établissent ses rapports avec le divin. Bien plus qu'un système objectif d'êtres, d'objets, de croyances qui s'imposeraient à l'homme par décision et révélation divines, *Religio* définit une attitude humaine vis-à-vis de puissances dont l'homme doit comprendre la volonté pour mieux réussir les actions qu'il veut mener. La religion, à Rome, consiste donc dans le juste culte rendu aux dieux, par quoi l'homme manifeste sa *pietas,* c'est-à-dire la qualité de vénération et de dévouement qu'il témoigne vis-à-vis de ses parents. La meilleure religion possible est celle que pratiquaient les ancêtres. Comme le dit Cicéron, « ce qui est le plus ancien est le plus proche des dieux ». L'ensemble de valeurs sociales et morales exemplaires, toujours vivantes, de la religion qu'ils ont pratiquée doit être conservé et scrupuleusement maintenu.

2. **Une théologie conceptualisée.** — Mais une autre dimension a aussi profondément marqué la religion romaine, celle d'une théologie, c'est-à-dire d'un discours conceptuel et rationnel sur le monde des dieux. Dès les premiers documents que l'historien peut saisir, nous percevons comment les Romains ont personnalisé, dans des figures divines et dans les rapports qui les unissent entre elles, les idées, les conceptions fondamentales qu'ils se faisaient du monde, ainsi que les valeurs sur lesquelles ils fondaient leur société. Cette importance du théologique s'oppose à toutes les tentatives d'explication primitivistes ou dynamistes. Loin d'être un peuple primitif pratiquant un animisme fondé sur le culte de divinités qui ne seraient que les hiérophanies concrètes d'une puissance, d'une énergie surnaturelle s'attachant à un lieu, à un objet ou à une personne, les Latins possédaient déjà une culture religieuse très structurée qu'ils conservaient d'un lointain passé indo-européen. Parmi de multiples exemples possibles, l'association entre des abstractions divines et certaines parties du corps humain : l'oreille liée au souvenir, *Memoria*; le front au *Genius*; les genoux à *Misericordia*; la main droite à *Fides*, paraît déjà dans le *Rig Veda* très caractéristique de certaines cultures indo-européennes.

Ce discours théologique romain fait apparaître, en particulier à travers les notions de *Numen*, d'*Indigitamenta,* sa conception des puissances divines. En veillant soigneusement à maintenir l'héritage idéologique indo-européen, les Romains ont intégré leurs croyances et leurs rites dans le cadre des trois grandes fonctions hiérarchisées : la souveraineté juridique et magique, la force physique s'appliquant à la guerre, et la fécondité soumise aux deux autres mais indispensable à leur épanouissement. Ainsi, à Rome, les dieux expriment théologiquement le jeu des fonctions fondamentales qui se réalisent concrètement, plus ou moins bien, dans l'action des hommes. Il existe donc logiquement une corrélation entre les dieux et les trois types d'activités humaines; mais une telle corrélation n'a jamais impliqué une réduction du religieux au social ni au politique. Les représentations religieuses de Jupiter, de Mars, de Juno, de Quirinus, de Janus, sont l'expression théologique des mêmes structures fondamentales indo-européennes que nous retrouvons à tous les niveaux de la vie politique, sociale, individuelle de l'homme romain. Chacune des grandes divinités préside à un secteur de l'administration du visible et de l'invisible. La zone d'action de ces dieux et déesses coïncide, pour chacun, avec une part des activités humaines où ils apparaissent comme les préposés à un service fonctionnel.

Ainsi, dans la très grave crise sociale qui secoue Rome durant la seconde guerre punique, les nouveaux opprimés ont recherché le patronage de dieux étrangers. C'est autour de divinités invoquées dans des rituels de possession et qui se trouvaient en correspondance fonctionnelle avec les couches sociales révoltées — paysans endettés, esclaves fugitifs, déracinés de toute sorte —, que celles-ci se sont groupées pour retrouver une identité que la société romaine leur refusait : qu'il s'agisse de Dionysos, de Sabazios, de Zeus Aitnaios, des dieux Palikoi, divinités de la forge, du foyer, protectrices des bois sacrés où se réfugient les esclaves en fuite. Les forces centrifuges de la religion romaine ont ainsi permis épisodiquement, et toujours dans un contexte de déséquilibre social, le développement de protestations qui s'exprimaient dans un langage religieux, faute de pouvoir se faire entendre autrement.

3. **Une vision anthropocentrique.** — Un dernier aspect important apparaît dans le discours de l'homme romain sur ses dieux. Alors que, dans la plupart des cultures traditionnelles, c'est le langage mythique qui porte l'expression théologique des valeurs fondamentales de la société, et que le mythe apparaît aussi indispensable à une société humaine que le rêve pour chaque individu, à Rome, au contraire, les dieux, même les plus importants, ne possèdent aucune identité mythique ; aucune histoire ne les rattache à un temps primordial. Par une vision extraordinairement anthropocentrique, sans autre exemple dans le monde indo-européen, les Romains ont rapporté à eux-mêmes, c'est-à-dire à leurs propres ancêtres, la création de leurs institutions, non seulement juridiques, sociales, politiques, mais même religieuses. Ils ont ainsi élaboré à la fois une théologie abstraite, hiérarchisant des dieux qui n'ont pas d'histoire mais représentent des fonctions, et une histoire des origines nationales racontant les aventures exemplaires d'hommes qui, par leur caractère et par les fonctions qu'ils exercent dans la société, correspondent à des dieux. La pensée religieuse romaine est donc fondamentalement une anthropologie. Par une étonnante opération d'enracinement dans l'humain et le terrestre, en réévaluant de vieux mythes, en les insérant dans une pseudo-histoire nationale, les Romains ont forgé une mémoire nationale et justifié l'existence de leurs dieux. L'événement capital, la création d'institutions fondamentales ne sont jamais, comme dans bien d'autres cultures, présentés comme l'œuvre de tel ou tel dieu, situés dans un temps primordial, mythique, mais sont réputés s'être

produits aux temps « historiques » d'une Rome royale. L'histoire la plus ancienne de Rome devient ainsi sa propre mythologie ; elle en possède les qualités de sagesse ; elle devient ainsi porteuse de valeurs, et se révèle signifiante et exemplaire pour les conduites de tous. Certes, l'influence grecque, qui devient sensible à partir de la seconde moitié du IIe siècle avant notre ère, a permis aux Romains de découvrir une mythologie, déjà bien usée, avec laquelle ils établiront des parallèles plus ou moins justes. Il n'empêche que les dieux romains ne cesseront jamais d'être perçus fonctionnellement, c'est-à-dire comme la simple projection des activités humaines. Depuis les temps les plus lointains de leur fixation dans le Latium, les Romains se sont plus intéressés à leur Cité et à la réussite de leurs propres entreprises qu'à la personnalité de leurs dieux. Préoccupés avant tout de l'efficacité du temps présent, ils n'inventent de représentations divines qu'en raison des conceptions fonctionnelles qu'elles symbolisent. Ils ne conçoivent donc de communication nécessaire entre les dieux et les hommes que dans la stricte mesure où ces rapports peuvent leur procurer des certitudes de réussite.

Le religieux n'a de raison d'être que dans la mesure où il peut garantir le succès de l'homme. *Ops, Salus, Concordia, Libertas, Victoria, Fides, Fortuna,* ne sont divinités que parce que l'homme romain a reconnu en elles l'un des fondements essentiels de la vie communautaire, l'abstraction divinisée d'un concept théologique morcelé dans la multiplicité même de ses points d'application.

D'où l'attitude si particulière des Romains envers leurs dieux, une scrupuleuse attention aux signes dans lesquels ils croient voir la manifestation d'une volonté supérieure, mais vis-à-vis de laquelle ils entendent conserver la plus grande liberté d'action. Les divers rituels n'ont d'autre but que d'actualiser, à un moment déterminé du temps humain, la force supérieure, la bonne fortune, la chance pour employer un mot plus moderne, qui permettra à l'individu comme à la collectivité de réussir ce qu'ils entreprennent. Les dieux n'ont en définitive d'autre essence que la réalisation des potentialités qu'ils représentent pour l'homme. Ils n'existent que par lui. Le sacré romain est l'œuvre propre de l'homme, dans un monde qu'il aménage sans cesse et qu'il entend maintenir pour son profit exclusif. Ainsi les prières liturgiques ont, certes, une fonction religieuse puisqu'elles établissent des rapports entre les dieux et l'homme, mais elles ne sont jamais créatrices de liens personnels. La prière romaine n'est jamais une réponse à une initiative divine, ni à une Parole révélée. Elle est toujours initiative de l'homme qui s'adresse à des divinités dans lesquelles il voit les valeurs permettant le fonctionnement harmonieux de la société et du monde.

## VII. — **La religion étrusque**[1]

A l'inverse des religions grecque et romaine, la religion étrusque était une religion révélée dont les secrets avaient été enseignés aux hommes par des personnages prophétiques. L'un d'entre eux, le plus célèbre, Tagès, était sorti miraculeusement d'un sillon tracé dans le sol par un laboureur de Tarquinia. Il avait la taille et l'allure d'un enfant mais possédait en lui la science du divin. L'Etrurie entière accourut, selon la tradition, pour écouter et écrire ce que cet étonnant prophète lui enseignait et les « livres de Tagès » connurent une célébrité et une fortune qui ne disparurent pas avec l'indépendance de l'Etrurie. Un autre récit célèbre fait inter-

1. Raymond Bloch.

venir, à Clusium, l'actuelle Chiusi, une nymphe appelée Vegoia. C'est elle qui apprit à Arruns « les décisions de Jupiter et de la Justice », ces noms traduisant en latin celui de Tinia et celui que portait en étrusque — mais nous l'ignorons — la personnification de la justice divine.

Qu'il s'agisse de l'examen des entrailles des victimes, de l'observation des foudres et des prodiges, tout avait pour but de pénétrer la volonté des dieux, de prévoir un avenir proche ou lointain, de confirmer les promesses favorables et d'écarter, si cela était possible, les menaces les plus graves. Une telle attitude psychologique est originale dans le paganisme ancien et ne trouve guère de parallèle que chez certains peuples du Proche-Orient, tels les Assyro-Babyloniens. Pour les Etrusques, la nature obéit à une sorte de finalité universelle et les phénomènes qui s'y succèdent sont provoqués par les dieux pour faire connaître à l'homme leur volonté et son destin. Un passage célèbre de Sénèque dans ses *Questions naturelles* (II, 32) définit avec lucidité et précision le fossé qui sépare à cet égard la pensée étrusque de la pensée grecque et romaine : « Voici en quoi nous ne sommes pas d'accord avec les Toscans, consommés dans l'interprétation des foudres. Selon nous, c'est parce qu'il y a collision de nuages que la foudre fait explosion. Selon eux, il n'y a collision que pour que l'explosion se fasse. Comme ils rapportent tout à la divinité, ils sont persuadés, non pas que les foudres annoncent l'avenir parce qu'elles ont été formées mais qu'elles se forment parce qu'elles doivent annoncer l'avenir. »

Les textes et les monuments figurés témoignent du raffinement auquel était parvenu l'art des haruspices et l'esprit humain ne peut qu'être déconcerté en observant les soins extrêmes mis par les Etrusques à appliquer les principes de la plus fausse des sciences.

L'ensemble des traditions religieuses étrusques constituait un patrimoine jalousement conservé par un corps de prêtres, de vaste renommée, les haruspices. Spécialistes du difficile domaine de la mantique, ils tiraient leur nom de leurs connaissances sans égale dans l'analyse et l'interprétation des entrailles des victimes. Mais ils n'excellaient pas moins dans l'art d'interpréter les foudres et les prodiges et leur compétence devait s'étendre à tous les aspects de la religion étrusque. Prêtres avertis, ils faisaient aussi figure de magiciens puisqu'ils savaient susciter et attirer les foudres sur les hommes et les cités.

## VIII. — **Celtes, Germains, Slaves**[1]

1. **Celtes et Celto-Romains.** — Les *Celtes* sont de vastes groupements de peuples qui, à partir du milieu du Ier millénaire av. J.-C., se sont établis ou se répandent en Europe continentale, atlantique et même, en partie, méditerranéenne et balkanique : 1° Les *Gaëls* (ou Goidels) en Irlande, et, secondairement, dans le nord de l'Ecosse; 2° Les *Gallo-Brittons* dans la Celtique continentale, en Bretagne insulaire et, secondairement, en Bretagne armoricaine; 3° Les *Celtibères* du centre-nord de l'Espagne. A partir du IIIe siècle, les territoires sous domination celtique se résorbent progressivement sous l'effet de la conquête romaine (Gaule Cisalpine et Transalpine, Espagne, pays danubiens) et de la pression des Germains (pays rhénans, Allemagne du Sud, Angleterre). Dans les régions romanisées, la fusion de la religion officielle et des cultes populaires celtiques crée des formes mixtes (gallo-romaine, britto-romaine, etc.) qui, à défaut de témoignages plus anciens, sont notre unique source pour les cultes

1. Jean Loicq, Julien Ries et Kalman Sass.

locaux. Avec la christianisation, qui gagne dès les IV<sup>e</sup>-V<sup>e</sup> siècles les pays ayant conservé leur identité celtique (Irlande, Galles), la vieille mythologie se réfugie dans la littérature médiévale : épopée irlandaise, *Mabinogion* galloise.

Le panthéon des Celtes a recueilli l'héritage de la vieille doctrine sacerdotale des Indo-Européens qui concevait l'univers comme gouverné par les trois fonctions fondamentales d'autorité à la fois magique et juridique, de puissance physique et guerrière, de productivité économique et de croissance démographique, l'ensemble de ce mécanisme étant sublimé par la fonction royale (humaine et, par projection, cosmique), trifonctionnelle par essence. Entre la liste dressée par César des grands dieux gaulois et les cinq grands dieux irlandais « descendants de la déesse Dana » *(Túatha dé Danann),* il y a une remarquable concordance pour l'essentiel. C'est, selon César, surtout *Mercure* que révèrent les Gaulois : inventeur de tous les arts, il est aussi le guide des voyageurs et le protecteur du commerce. En regard, l'épithète la plus connue de *Lug* en Irlande en fait un « polytechnicien », et la fréquence du toponyme *Lugdunum*, prototype du nom de Lyon et d'autres localités, ainsi que de la dévotion à Mercure, qui est avec Mars le dieu le plus honoré de la Gaule et de la Bretagne romaines, corrobore l'assertion de César. Mais en même temps, sa typologie complexe de dieu lumineux, qui ne va pas sans certains pouvoirs magiques, indique qu'il concentre divers héritages, faisant de lui un dieu de première fonction tendant vers l' « omnifonctionnalité » royale.

Au *Jupiter* de César, qui lui attribue l'empire céleste, répond le *Dagda* (ou *Dagdé*) irlandais (litt. « Dieu bon »), possesseur de la science druidique et, par là, figure-type de la première fonction, comme le Deus Fidius romain, absorbé à date ancienne par Jupiter.

Sans doute faut-il en rapprocher le *Gwydyon* gallois, le magicien « qui avait la plus grande science ». En outre, les attributs de Dagda en font aussi un dieu dispensateur de vie et de mort (sa massue) et d'abondance (son chaudron). D'autre part, Jupiter est, en Gaule, surtout l'héritier de *Taranis,* dieu de la foudre et des forces cosmiques, ce qu'exprime le symbolisme de la roue, très fréquent sur les documents figurés. A côté de lui, *Ogmios,* assimilé à Hercule, assume d'autres aspects de la magie; l'irl. *Ogmé* passait pour l'inventeur des signes magiques à l'origine de l'écriture *(ogam)* : guerrier, il est aussi le champion des *Túatha.* En effet, la fonction guerrière (le « Mars » de César) est passée en grande partie aux dieux souverains, et pour le reste est l'apanage de dieux tribaux (gaul. *Toutatis*) ou de déesses protectrices des combattants (ir. *Bodb, Morrígan*).

A l'*Apollon* de César répond le dieu médecin des Túatha, *Diancecht,* qui est entre autres l'auteur de la prothèse de Nada. Mais l'Apollon gréco-romain a absorbé ou s'est associé des divinités du monde celtique continental qui, invoquées comme guérisseuses, ont comme lui à l'origine une nature astrale : *Belenos* (« Brillant »), *Boruo* ou *Bormo*, en Espagne *Bormanus* (« Bouillonnant ») et *Grannus* (« Brûlant »), génies spécifiques des sources thermales. La parèdre d'Apollon Grannus, *Sírona* (ou *Dírona*), est une déesse stellaire comme l'indique son nom. Selon un théologème assez banal, les eaux actives sont supposées contenir en leur sein un principe solaire.

*Epona* (à peu près, « chevaline »), protectrice des équidés, est adoptée par l'armée romaine. Les *Matre* ou *Matronae,* souvent groupées par trois, assurent des tutelles variées, tantôt locales, tantôt familiales. La *Minerve* de César a un répondant irl. dans le forgeron *Goibniu* (gall. *Gofannon*), peut-être aussi dans la déesse brittonique *Brigantia,* irl. *Brigit* dont le nom est passé à une sainte chrétienne, patronne de l'*Eire.* Il est probable que des actions de caractère fécondant ou naturiste ont été, dans la dévotion populaire, sollicitées de divinités dont ce n'était pas la vocation première, ainsi Mars gallo-romain.

Il y avait un dieu funéraire que César identifie au *Dis Pater* romain (équivalent ancien de Pluton) et dont il fait le père de la race gauloise : sans doute le dieu gaulois au maillet, *Sucellus,* dont les attributions seraient passées en Irlande à Dagda.

Le culte, la divination et la théologie étaient aux mains de druides (*dru-wid-* « très savant »), caste sacerdotale puissante et hiérarchisée, dépositaire d'un vaste savoir mémorisé qui comprenait en outre le droit, avec l'exercice de la justice, la métaphysique, les sciences naturelles et médicales, la généalogie. Garants et inspirateurs du pouvoir politique, comme les brahmanes dans l'Inde, éducateurs des fils de la noblesse, les druides ont été en Gaule et en Bretagne persécutés par l'autorité romaine, tandis que leurs héritiers irl. (les *filid,* litt. « voyants ») transmettaient aux moines chrétiens leur savoir laïque, avec nombre d'éléments de la mythologie. Le calendrier gaul. de Coligny (Ain) est un témoin unique de la science druidique. La conception celtique du monde et de l'au-delà, proche de l'orphisme grec, reposait avant tout sur la permanence de l'être dans l'impermanence des formes : immortalité de l'âme, passage de l'humanité à l'animalité, séparation indécise entre vie et mort, séjour des âmes dans des îles lointaines ou sous des tertres.

En somme, les Celtes ont remanié la vieille religion socio-centrique, en spécialisant davantage les fonctions de souveraineté et en y réincorporant des éléments naturalistes et magiques. Il est vrai que nous n'en appréhendons de façon directe que des aspects tardifs et souvent populaires.

2. **Germains.** — Les peuples germaniques appartiennent au monde indo-européen. Leur première localisation semble se situer en Scandinavie méridionale et dans les régions nord-ouest de l'Europe. Au début de notre ère, ils sont répartis en trois groupes. Le groupe occidental est à l'origine des langues de la Frise, des parlers anglo-saxons, des dialectes appelés *altfränkische* et de l'ancien *hochdeutsch.* Le groupe nordique comporte le norvégien, l'islandais, le danois, le suédois. Le groupe le moins connu est le groupe oriental ou ostique : gotique et vandale. A l'âge du Bronze, le peuplement germanique s'étend sur la Suède méridionale, sur le Danemark, sur l'Allemagne du Nord. Au cours du dernier millénaire précédant notre ère, il déborde sur la grande plaine européenne et rencontre l'écran du peuplement celtique qui s'étend du Rhin moyen au Danube.

Dans le *De Bello Gallico* (VI, 21), César souligne la différence entre la religion des Gaulois et celle des Germains. Ces derniers n'ont pas de druides pour présider au culte ni pour s'occuper des sacrifices. Ils ont une grande triade avec un dieu souverain (Soleil), un dieu guerrier (Vulcain), une divinité de fécondité (Lune). En scrutant la mythologie scandinave, seule mythologie qui soit bien conservée, Dumézil a remarqué la présence de deux groupes de dieux : les Ases et les Vanes. La signification de leur coexistence constitue une donnée fondamentale pour l'interprétation des mythes des Germains et des Scandinaves.

Les Ases sont les dieux de la souveraineté et de la fonction guerrière. Les Vanes constituent le groupe de la troisième fonction, les dieux agraires. Dans la religion indo-européenne, les dieux occupent la place centrale et se répartissent selon trois fonctions : souveraineté, force, fécondité. Cette découverte de Dumézil permet d'entrer vraiment dans la pensée religieuse aryenne. Au premier niveau, nous avons les deux faces de la souveraineté : d'un côté la souveraineté redoutable (Varuna en Inde), d'un autre côté la souveraineté agréable (Mitra, indien). Au deuxième niveau c'est la force, la bataille, la guerre, la puissance, le butin. Au troisième niveau se situent les dieux donneurs de jeunesse, de santé, de fécondité. Cette théologie structurée et articulée en trois plans se trouve en Inde, en Iran, à Rome, en Gaule.

La comparaison des faits religieux indo-iraniens et italo-celtiques fait apparaître en Germanie l'absence d'un grand corps sacerdotal analogue aux brahmanes, aux mages, aux druides, aux flamines et aux pontifes ; une certaine indistinction sociale, ainsi qu'un système indo-européen estompé mais non désarticulé. A la triade scandinave, Odhinn, dieu souverain, Thôrr, dieu tonnant, Freyr (Njödhr), dieu fécond, correspond la triade germanique Tîwaz-Wôdhanas, Thunraz, Nerthus. César parlait de Sol, Vulcanus, Luna. La tripartition théologique aryenne archaïque est présente dans la religion germanique.

Chez les Germains, comme ailleurs dans le monde indo-européen, la fonction de souveraineté n'est pas patronnée par un dieu unique. En Scandinavie, à côté d'Odhinn, il y a Ullr (Norvège, Suède du Nord), Týr (Danemark, Scanie). En Germanie, nous trouvons Wôdhanaz, Tîwas. Dumézil a aussi constaté dans la double figure de la souveraineté, Odhinn-Ullr, opposition symbolique de la lumière et des ténèbres comme en Inde (Mitra-Varuna), comme à Rome (Jupiter - Deus Fidius). De plus, dans l'étymologie de Tîwaz *(deiwo)*, en sansk. *devah,* lat. *deus,* nous retrouvons la figure d'un dieu qui porte, dans son essence, la lumière du ciel : comme Zeus.

Le dieu de la fonction guerrière en Germanie est Donar, Thórr en Scandinavie, un dieu du groupe des

Ases. *Tunra* signifie « celui qui tonne avec force ». Dieu de l'orage, il est prompt et emporté, le poing et le marteau en l'air. Ami des dieux et des hommes, il les défend, comme il défend aussi les sanctuaires. Il est rouge, la couleur du guerrier chez les Germains et chez les Gaulois. Les ennemis de Thórr sont les géants dont il fait grand carnage. Comme un vaillant soldat, il mène le combat contre le serpent cosmique qui se dresse contre les dieux.

Dieu de l'orage, Thórr est lié à la fertilité : il donne la pluie. Il est aussi le protecteur du mariage qui est à l'origine de la fécondité humaine. C'est en tant que dieu guerrier qu'il intervient dans la troisième fonction : la fertilité. Dieu combattant, il se trouve à la tête des forces cosmiques. Les dieux de la fertilité et de la végétation portent un nom : Vanes, Njördhr et ses deux enfants, Freyr et Freyja. Dieu de la navigation et de la pêche, Njördhr est un dieu de la mer. Son fils Freyr est le possesseur du verrat : il opère la liaison avec le troupeau ; et aussi le dieu du sexe qui dispense la volupté. Ces aspects orgiaque et phallique soulignent la communion de l'homme avec la nature. Njördhr, dieu de la mer, et Freyr, son fils, dieu de la terre fertile et des troupeaux, constituent les deux aspects essentiels du monde et de la vie des peuples nordiques : la terre et la mer. Mais l'apport de l'élément féminin est nécessaire à la fécondité : d'où la présence indispensable de la déesse Freyja.

Le domaine des dieux est *Asgardr,* habitation des Ases, château ou palais céleste appelé aussi *Himinbjörg* ou *Breidablik.* L'arbre cosmique Yggdrasill est le symbole du macrocosme. Au pied de cet arbre de vie, de sagesse, de délibération se trouve la fontaine de Mîmir, le conseiller d'Odhinn, et la place du *Thing* où les dieux tiennent conseil. Les Valkyries tissent la toile de fond des combats, délivrent les captifs et soulagent les détresses. Les trois Normes président au destin. Chaque génie des eaux joue un rôle. *Midgardsormr,* le serpent cosmique, entoure la terre et l'enserre dans les replis de son corps; par là il assure la cohésion de tout l'univers. Il lâchera sa prise au *Ragnarök* et sera responsable du chaos. Sa fureur soulève les flots. Les géants ont collaboré à la création du monde : ils travaillent aussi à sa destruction. Heimdallr les surveille, Thôrr les poursuit avec son marteau. Les nains exercent une activité incessante au service des hommes et des dieux : ils sont des créatures bienveillantes et secourables, formés au moyen des ossements du géant Ymir. Les elfes sont petits de taille mais d'une grande vivacité d'esprit. Les elfes de lumières sont des génies bienfaisants qui déploient leur générosité, gardent les objets précieux et façonnent des œuvres d'art. Les elfes des ténèbres *(svartálfar)* provoquent des maladies et des paralysies. Les dises sont des êtres féminins, génies tutélaires qui traversent les airs pour secourir les amis et rendre inoffensifs les ennemis. Dans ce peuplement du cosmos il ne faudrait pas voir un certain animisme : nains, elfes, dises sont des êtres personnels.

Dans les sources scandinaves un mot revient souvent : *regin,* les puissances qui décident. Pour la vie des Germains, le *Thing* quotidien des dieux au pied de l'Yggdrasill est capital car c'est la volonté des dieux qui détermine le cours des événements du monde. Les dieux lient : *bönd.* Tacite (*Germania,* c. 10) nous a laissé une description des sortilèges pratiqués au moyen de petits rameaux entaillés. Ce texte fait penser aux runes et nous oriente vers Odhinn, le grand initié et l'inventeur des runes. Etonnante est la variété des actes divinatoires : oniromancie *(utiseta)* ou contact avec l'invisible au moyen d'une incubation; nécromancie consistant à arracher les secrets des morts et souvent pratiquée sur les tombes; hématomancie ou prédictions faites selon la direction du sang des victimes égorgées ; ornithomancie donnant les présages selon le vol des corbeaux, des oiseaux et de l'aigle. Tacite a souligné une singularité, l'hippomancie. Des chevaux blancs nourris dans des bois sacrés sont attelés à un char qu'accompagne un prêtre ou un chef en vue d'interpréter leurs hennissements. Une autre forme de divination, déjà connue par Tacite, est l'ordalie, surtout le duel divinatoire qui en appelle aux dieux en tant que maîtres de justice : ils donnent la victoire à celui qui la mérite à leurs yeux.

3. **Slaves.** — Le terme « sklavenoï » est une déformation grecque de « Slověne », le singulier étant « Slověninŭ ». L'étymologie n'est pas tout à fait claire : « slovo » équivaut à « mot » ou « parole », tandis que le suffixe a une signification localisante. Le vocable s'est imposé à l'ensemble de peuples parlant des langues dérivées d'un idiome dont l'existence supposée dans la préhistoire a été reconstruite sous le nom de « slave commun », et apparaît également dans diverses variantes, désignant des parlers de plusieurs communautés, par exemple le slovaque, le slovène actuels. Une des tribus anciennes de la « Terre russe », celle qui aurait fondé la ville de Novgorod, portait le nom « Slověne » ; la région entre la Drave et la Save, « royaume » historique vassal de l'Empire Franc, s'est appelée plus tard la Slavonie. Les *croyances communes* slaves — en tant que système cohérent, à l'instar de l'Olympe grec — demeurent quasi inconnues si l'on s'en tient aux premières sources écrites. Jordanes ne dit rien au sujet de la religion de ses « Sclaueni », mais il cite le nom de leur chef : *Boz*, qu'il convient de lire Bož. Ce mot ne peut dériver que du substantif *Bogu*, qui désigne, dans ses différentes variantes slaves, « Dieu » ou « divinité ». On admet généralement, pour la

période qui précède immédiatement l'évangélisation, l'existence d'un « panthéon » slave composé de divinités ayant chacune sa fonction bien déterminée, encore que celle-ci peut varier, pour le même *numen,* d'une communauté à l'autre.

Dans un premier temps, le culte de la nature et des défunts constitue la base de la vie spirituelle. Un culte est voué aux membres décédés d'un clan, et aux esprits domestiques ; on craint les démons ; des divinités primitives peuvent être souvent féminines. On respecte également des éléments naturels tels que des forêts, des lacs ou des rivières. La deuxième étape, plus explicite dans les témoignages relatifs aux Russes, voit apparaître les divinités propres aux clans, à l'époque de l'unité slave. Le couple Rod-Rožanicy émerge nettement, tout comme une sorte de « seconde génération » dont fait partie la « paredra » — la « déesse-mère », à personnalité multiple. Div-Diva, Vil-Vily, Trojan et Svarog sont également liés à cette étape où les fonctions ne sont pas encore clairement définies. Les grandes questions eschatologiques ne se posent pas : les morts restent en contact avec les vivants grâce à un mouvement cyclique. C'est aussi une étape, encore hésitante, entre monothéisme et polythéisme. « Dieu » est un protecteur, un être qui assure à chacun sa part de bonheur, de prospérité, de fécondité, ce qu'illustrent les vocables Bog et Rod. On n'a pas la notion du destin : à chaque cas concret, les dieux sont consultés. Cette étape est moins développée dans les témoignages concernant les Slaves occidentaux, car les auteurs ne les connaissent que plus tard.

Le troisième stade est peut-être le plus important. Il intervient au moment où les Slaves — et en particulier ceux de l'Elbe et de la Baltique — entrent en contact avec des ethnies plus développées. Les personnalités individuelles des divinités apparaissent plus clairement, tandis que le « dieu des armées » fait son entrée dans le « panthéon », suite au développement d'une démocratie militaire. La phase finale est représentée par la « galerie » de Vladimir où un groupe déjà hiérarchisé de divinités répond aux besoins matériels et spirituels d'une société plus diversifiée et hiérarchisée. De plus, les Slaves occidentaux ressentent la nécessité de donner à leurs croyances une forme plus « digne » de l'adversaire chrétien au point de vue culturel. Ce phénomène, comme l'entreprise avortée de Vladimir, rappelle les initiatives de l'empereur romain Julien dit l'Apostat visant à mettre la religion antique en état de combattre efficacement le christianisme. C'est le stade des temples et des lieux de culte bien délimités et disposés « rationnellement ». Les divinités de combat prennent de plus en plus d'importance. Et se précise la fonction des *prêtres*, ignorée ou effacée auparavant, au sein des communautés slaves occidentales du moins. Quant aux Russes, la hiérarchie « païenne » ne semble pas avoir atteint son épanouissement définitif. Le mot *šrec* employé à la veille de l'évangélisation pour désigner le prêtre, continuera à figurer même dans les textes écrits pour signifier alors le prêtre chrétien.

Une « divinité originelle qui se multiplie par la suite » domine les croyances des Slaves anciens. Cette « religion » ne peut se qualifier ni de « monothéiste », ni de « polythéiste », mais accuse des traits de l'un et de l'autre.

## IX. — **Les religions mésoaméricaines**[1]

Le complexe culturel qualifié de « mésoaméricain » englobe un grand nombre de civilisations distinctes. Il couvre, dans l'espace, le territoire de l'Amérique

1. Jacques Soustelle.

moyenne, compris entre les vallées des fleuves Santiago et Pánuco (Mexique) et le Nicaragua, ainsi que la péninsule de Nicoya, en Amérique centrale. Dans le temps, il se forme à partir du IVe millénaire avant notre ère (débuts de l'agriculture du maïs vers 3500 av. J.-C.), s'enrichit et se développe à travers les flux et reflux de populations, la naissance et l'effondrement des cités. Il ne se désagrège qu'au début du XVIe siècle de notre ère comme conséquence de la conquête espagnole.

Il va de soi qu'à une telle immensité spatiale et temporelle correspond une grande variété de phénomènes religieux. Croyances, mythes, rituels, intimement liés à toutes les structures sociales et mentales, présentent dans chaque civilisation des caractères originaux. Les peuples mésoaméricains, séparés par d'énormes distances et de rudes obstacles naturels, ont souvent évolué à part les uns des autres et selon des lignes divergentes. C'est ainsi par exemple que le culte d'un enfant divin aux traits de félin ne s'observe que dans la religion olmèque. L'ensemble mythique et rituel qui se trouve au centre de la religion des Huichol, à savoir le culte du *peyotl,* est bien particulier à ce peuple.

Pourtant, les religions mésoaméricaines offrent de larges zones communes, des analogies qui leur confèrent une « physionomie » propre aux civilisations de l'Amérique moyenne. En voici les principales :

*1 / Cosmologie.* — Le monde est conçu comme une réalité précaire et menacée. Il a été détruit et recréé à diverses reprises (quatre fois en général) avant le présent univers, lui-même condamné à disparaître dans un cataclysme cosmique.

*2 / Le temps et la prédestination.* — Les peuples civilisés de cette partie du continent ont élaboré avec une ingéniosité extraordinaire des systèmes de calendriers et de computation du temps, permettant notamment de connaître la destinée de chaque être humain, rigoureusement déterminée dès la naissance. Le temps lui-même a été divinisé par les Maya, pour qui chaque période s'identifiait à un dieu. Chez d'autres Indiens, par exemple dans la religion des Aztèques, le « compte des jours » (*tonalpohualli,* qui peut également être traduit « compte des destins ») dominait absolument la vie des individus et de la cité.

*3 / Le polythéisme,* phénomène universel, est particulièrement développé et prolifère chez les autochtones mésoaméricains. Sans doute retrouve-t-on très généralement un couple primordial, mais une multitude d'autres divinités, que les divers peuples s'empruntaient volontiers, occupent le devant de la scène et remplissent de leurs aventures les récits mythologiques. Cette tendance atteint son apogée chez les Aztèques, dont le panthéon regorgeait de divinités étrangères « annexées » par l'empire victorieux. Dans cette foule bigarrée, on peut distinguer diverses catégories : les divinités de la terre, de l'eau, de la végétation, et celles du ciel, des astres ; les dieux protecteurs de tel ou tel peuple, comme Camaxtli à Tlaxcala ou Uitzilopochtli à Mexico, et les divinités « corporatives » comme Uixtociuatl, protectrice des sauniers, Yacatecuhtli, dieu des négociants, ou Xochiquetzal, déesse des courtisanes, ou encore les déités qui présidaient aux activités les plus diverses, comme Tlazolteotl (amour), Ayopechtli (naissance), les Cenzon Totochtin (ivresse), Atlaua (chasse aux oiseaux aquatiques).

*4 / L'ambivalence* des dieux, à la fois bienveillants et redoutables, est un trait répandu dans toutes les mythologies. Elle se remarque notamment dans la religion maya, où le dieu de la pluie Chac, par exemple, présente ces deux aspects tout comme son homologue mexicain Tlaloc. Au total, les dieux étaient tenus pour exigeants et jaloux, avides d'offrandes et de sacrifices et prompts à punir. Certains d'entre eux, comme le jeune dieu maya du maïs, le « prince des fleurs », Xochipilli, chez les Aztèques, ou encore Quetzalcoatl, passaient pour plutôt bienveillants.

*5 / Le rituel* de ces religions, foisonnant et minutieux, tenait une très grande place dans les activités humaines. Les sculptures et les peintures murales olmèques, teotihuacanes et maya décrivent des cérémonies célébrées par des prêtres aux costumes élaborés. Le clergé aztèque, nombreux et influent, était organisé en collèges rattachés aux divers temples. Les rites mésoaméricains comportaient des sacrifices : autosacrifications, offrandes de végétaux ou d'animaux, et sacrifices humains. Cette dernière catégorie de rites a pris de plus en plus d'importance dans l'Empire aztèque à partir du XV<sup>e</sup> siècle, ainsi que chez les Maya récents du Yucatán. De toutes les formes de sacrifices humains, la mise à mort par arrachement du cœur est typiquement mésoaméricaine.

*6 / Le syncrétisme.* — Contrairement aux Incas, aucun des peuples dominants de l'Amérique moyenne, qu'il s'agisse des Maya, des Toltèques, des Aztèques, n'a cherché à imposer sa religion aux autres comme une seule et unique vérité. D'où le polythéisme extrême mentionné plus haut. A l'inverse, a joué une tendance au syncrétisme : assimilation de Quetzalcoatl sous le nom maya de Kukulcán pour les Maya du Yucatán, doctrine des quatre Tezcatlipoca chez les Aztèques, culte d'un dieu suprême pour le roi-poète Nezaualcoyotl. Cette tendance, profondément ancrée dans l'esprit des Indiens, s'est maintenue après la conquête et l'évangélisation, se manifestant dans l'identification de la Vierge de Guadalupe avec la déesse terrestre et lunaire, du Seigneur de Chalma avec la divinité aztèque Oztoteotl, dieu des cavernes, etc.

## X. — **Courants gnostiques**

Les courants gnostiques des IIe et IIIe siècles ne constituent pas une religion proprement dite, mais un mouvement à l'influence durable durant de nombreux siècles, en Asie, dans le monde méditerranéen, puis en Europe centrale, avec les courants dualistes de l'époque médiévale : bogomilisme, catharisme, messialisme, paulicianisme. L'anticosmisme est leur élément unificateur. Leur structure dualiste — *ici,* le monde empirique, matériel, changeant, ténébreux, et *là-bas*, l'univers transcendant, spirituel, immuable, lumineux — se découpe sur un arrière-fond moniste. Le salut y est conçu comme séparation avec ce monde et restauration de l'unité perdue par retour vers l'en-haut, réunion de l'esprit avec son double céleste, réintégration du Plérôme.

Chapitre IV

# RELIGIONS D'ASIE, AFRIQUE, AUSTRALIE

## I. — Hindouisme[1]

Au dire même des Hindous, l'hindouisme est davantage une ligue ou un faisceau de religions qu'une religion proprement dite. Il n'est donc pas facile à circonscrire ni à définir, surtout à partir d'une « orthodoxie », car celle-ci en est absente — au sens d'une pensée qui s'imposerait à tous en vertu d'une autorité reconnue. De ce point de vue, le mot d'hindouisme est trompeur. Ce n'est qu'en 1823, semble-t-il, qu'apparaît pour la première fois, avec Râm Mohan Roy, le terme d'« hindooisme » forgé à partir du mot « hindoo » sur d'autres mots en « ism » du vocabulaire anglais. Jusque-là, on parlait, d'une façon plus juste, des religions, des mœurs et des coutumes des Hindous. S'il y a en effet un dénominateur commun aux multiples formes religieuses qui constituent le contenu même de l'hindouisme, c'est leur appartenance au milieu hindou, c'est-à-dire au tissu sociologique, historique et géographique du bassin de l'Indus, de l'Inde gangétique et de l'Inde dravidienne depuis des millénaires jusqu'à nos jours.

1. Michel Delahoutre.

1. **Origine du phénomène religieux hindou.** — Tandis que le sub-continent indien dans son ensemble continue à pratiquer des cultes locaux traditionnels, des « Aryens » arrivent dans le bassin de l'Indus au IIe millénaire av. J.-C. et commencent une lente progression qui les mène dans le bassin du Gange où ils sont installés définitivement bien avant la naissance du bouddhisme (VIe siècle av. J.-C.).

Durant cette période s'élabore chez les Aryens et dans les régions aryanisées, toute une littérature en sanskrit désignée globalement du nom de *Veda* ou « savoir », qui totalise les connaissances acquises dans les domaines liturgiques et théologiques. La religion née au cours de cette période dans les bassins de l'Indus et du Gange est aujourd'hui désignée du terme de « védisme » et ne peut être connue qu'à partir du *Veda*, tout vestige archéologique de l'époque ayant disparu. Les traits principaux de cette religion sont un certain polythéisme de fait, sinon d'esprit, l'importance centrale du sacrifice, la complexité croissante de la liturgie, et la naissance progressive d'une spéculation philosophique et théologique. Celle-ci a son point culminant avec l'apparition des grandes intuitions religieuses et mystiques qui unifient la vie, et dont les penseurs indiens continuent encore d'explorer la profondeur : brahman, âtman, karma, samsâra, moksha. C'est également à la fin de cette période qu'apparaissent, dans les textes védiques, les premières mentions du yoga et de la bhakti ou dévotion envers une divinité personnelle.

Dans les milieux populaires, la recherche d'un dieu personnel se fixa sur le dieu védique Rudra, lui-même assimilé à Shiva, qui peut avoir été un dieu tribal non ayrien, et sur le dieu védique Vishnou. Ainsi commençait un double culte qui allait avoir une importance capitale. Dans les deux grandes épopées de l'époque : le *Mahâbhârata* et le *Râmâyana*, à l'origine de simples ballades relatant les exploits des guerriers tribaux, les cultes de Shiva et de Vishnou apparaissent conjointement avec ceux de Vâsudeva Krishna (par exemple dans la *Bhagavad-Gîtâ*) et de Râma.

La croissance de cette religion populaire nécessitait une mise au point des milieux brahmaniques. Celle-ci prit la forme d'une systématisation de la religion dans des systèmes philosophiques ou *darshanas.*

2. **Divinités hindoues.** — De tout temps, l'hindouisme, aussi bien ancien (védisme) que récent, a vénéré de nombreuses divinités. Au cours de sa longue histoire, il a vu se succéder plusieurs systèmes mythologiques et se constituer différentes théories qui se sont efforcées de rendre compte rationnellement de la présence de ces divinités.

Le premier système mythologique, encore sensible dans le *Veda,* devait mettre au premier plan Mitra et Varuna dans leur fonction souveraine. Ce système a été vite remplacé par un autre, avec Indra à la tête des dieux, dont la fonction guerrière convenait mieux aux tribus aryennes en voie d'expansion. Il est chef d'un ensemble de trente-trois dieux. Au temps des brahmanas, Prajâpati, le Seigneur des créatures, domine l'ensemble des dieux qui sont déclarés issus de lui. Au temps des upanishads, dans les cosmogonies ou la description des différents mondes par lesquels l'homme passe après la mort pour rejoindre le brahman, apparaît Brahmâ (ou Brahman), personnification de ce même brahman ou Absolu. Aujourd'hui, c'est Shiva et Vishnou qui dominent le monde divin. Avec Brahmâ, dont le rôle est secondaire, ils constituent une triade ou Trimûrti, appelée abusivement Trinité hindoue.

Quant à la nature de ces divinités, elle est présentée différemment. Au temps des upanishads, les dieux font partie du monde phénoménal de la multiplicité. Ce n'est donc pas auprès d'eux que l'homme peut retrouver son unité et être libéré. Par la suite, les hindous s'efforcent de donner une certaine consistance à ce monde des divinités, tout en sauvegardant la transcendance du brahman ou de l'âtman sur elles. Ce monde des dieux se trouve valorisé de multiples manières : c'est un monde spirituel idéal, qui ressemble davantage au monde des Idées de Platon qu'à notre monde terrestre, dont ils possèdent la quintessence. Ainsi, les Gandharva qui sont des musiciens célestes, sont légers comme l'air et se nourrissent de l'odeur (gandha) des aliments (herbes par exemple). Les dieux comme Shiva ou Vishnou ont des épouses, mais c'est par artifice et non par pro-création que Shiva a des fils : Ganesha et Skanda. Pârvati obtient par son ascèse et sa beauté d'attirer sur elle l'attention de son mari. Les dieux sont très beaux. Ils ont un corps brillant comme l'or. Ce sont en effet des deva, êtres lumineux apparentés à la lumière (racine DIV) du jour (latin *dies*).

Vishnou, en particulier, dont le corps est assimilé au Purusha (Homme cosmique) et donc au Cosmos (chants X et XI de la *Bhagavad-Gîtâ*) joue le rôle de Révélateur du divin. Ses multiples avatâra rendent encore plus sensible et visible, la présence du divin dans notre monde. Râma en particulier est présenté par Tulsidâs comme un dieu personnel et transcendant.

3. **Divin dans l'hindouisme.** — Du *Rig Veda* qui contient les hymnes qui s'adressent aux dieux *(deva)* jusqu'à Tagore (présence et métamorphose du divin) et Shrî Aurobindo (la Vie Divine), l'Inde n'a cessé de s'intéresser au divin, au point d'avoir la réputation d'en faire l'objet de sa recherche et d'assigner la condition divine comme l'idéal de l'homme. Le divin, dans l'hindouisme, se caractérise tout d'abord par sa transcendance par rapport à l'humain. La condition divine est celle d'êtres immortels, lumineux, bienheureux,

dégagés des pesanteurs et des souffrances de la vie humaine ou infra-humaine. Un deuxième caractère propre à l'Inde est l'omniprésence du divin, non seulement dans les hiérophanies : sources, arbres, rivières, rochers ou pierres, lieux sacrés ou consacrés par les rites, temples, statues, etc., mais dans les théophanies : l'homme lui-même est considéré comme une manifestation divine, de même nature que les dieux ou supérieur à eux par sa réalité la plus intime, son âtman.

Lorsque l'homme découvre cet âtman d'une façon existentielle, apparaissent également les traits propres au divin : rayonnement physique et moral, béatitude, accès à l'immortalité, libération de toute servitude, etc.

Un autre trait propre à l'Inde est la conviction que l'homme peut, par ses propres efforts, dépasser la condition humaine et parvenir à la condition divine. La vie divine coule en lui. Il peut donc, par un effort d'intériorisation, la faire resurgir en lui, alors qu'elle est habituellement occultée par son ignorance, ses défectuosités morales, ses fautes.

Le divin a tellement occupé la pensée indienne qu'il lui a été reproché de se désintéresser de l'homme et de n'avoir pas réussi à définir sa place dans l'univers. Pour la pensée indienne en général, l'homme est fondamentalement un être divin potentiel. Toutes les autres relations : la famille et la caste, la relation au corps et à la matière, doivent s'effacer, parce que temporaires. Seul le divin perdure.

## II. — **Bouddhisme**[1]

1. **Origine.** — Le bouddhisme est une religion historique, à fondateur : il se distingue en cela très profondément de l'hindouisme, au sein duquel il est apparu à

1. Pierre Massein.

la fin du VI^e siècle av. J.-C., en même temps d'ailleurs et dans la même région que le jaïnisme. C'est en effet dans le bassin du Gange, vers 525, que le Bouddha Sâkyamuni commença à prêcher sa doctrine, après avoir connu l'Eveil. Le VI^e siècle est une période de grande effervescence intellectuelle et spirituelle dans l'Inde du Nord. L'élite spirituelle, composée essentiellement des brahmanes et des ascètes (shramana), tentait alors de résoudre un certain nombre de problèmes dont le Brahmajâlasûtra (sûtra n° 1 du *Dîgha-Nikâya*) nous a laissé un catalogue : le monde est-il fini ou infini? éternel ou de durée limitée? Le Soi *(âtman)* de l'homme est-il lui-même éternel ou de durée limitée? Le monde et le Soi sont-ils causés par quelque autre être, ou sont-ils produits sans cause? L'esprit humain peut-il acquérir des connaissances certaines, ou bien la prudence impose-t-elle de ne tenir aucune opinion comme valable? Le Soi subsiste-t-il après la mort? et, s'il subsiste, demeure-t-il conscient ou inconscient? pourvu de forme ou dépourvu de forme? fini ou infini? conscient de l'unicité ou de la diversité? heureux ou malheureux? ou bien le Soi est-il détruit complètement, comme le corps, après la mort?

A ces questions, Siddarta Gautama, le Bouddha, va apporter une réponse originale. S'il conserve en effet les notions védiques de karma et de samsâra, il rejette énergiquement celle d'âtman : pour lui, il n'y a pas de Soi, ni au plan individuel ni au plan universel; c'en est donc fait de l'identification Ātman-Brahman enseignée par les *Upanishad.* Cette doctrine de l'*anattâ* est tout à fait fondamentale et spécifique du bouddhisme.

D'autre part, le Bouddha se refuse non moins énergiquement à répondre aux questions concernant le monde, son origine, son caractère fini ou infini, éternel ou non éternel : selon lui, ces questions sont oiseuses, car les réponses qu'on peut y apporter ne libèrent pas l'homme de la souffrance *(duhkha)*. Or c'est là le mal dont l'homme aspire à être délivré, et de façon urgente : toute l'originalité du Bouddha consiste à formuler un diagnostic concernant l'origine de la souffrance, à montrer que la cause peut en être supprimée, et à indiquer le chemin qu'il faut suivre pour supprimer effectivement cette cause et obtenir la cessation de la souffrance, qui est équivalemment l'entrée dans le Nirvâna. Ce message est clairement formulé dans le sermon de Bénarès sous la forme des Quatre Nobles Vérités.

Pendant quarante-cinq ans environ, le Bouddha prêche cette doctrine avec succès ; le nombre de ses disciples, tant moines que laïcs, s'accroît rapidement, et à sa mort la Voie bouddhique apparaît non seulement comme un mouvement hétérodoxe et subversif par rapport à l'hindouisme, mais comme constituant une religion nettement distincte, suivie par une communauté nombreuse et florissante.

2. **Divinités et salut dans le bouddhisme.** — La place et l'importance des divinités sont tout à fait secondaires : la relativisation des êtres divins ou célestes est une conséquence de la contestation radicale du divin propre au bouddhisme. La cosmologie très souple du bouddhisme lui a cependant permis de faire une large place aux êtres dont la divinité consiste à jouir d'une nature supérieure à celle de l'homme et à habiter l'une des demeures célestes : il a pu ainsi assimiler facilement les différentes divinités appartenant aux traditions religieuses autochtones des pays dans lesquels il s'est implanté. Mais ces divinités ne peuvent pratiquement rien pour le salut de l'homme, puisqu'elles appartiennent à l'ordre phénoménal, et qu'elles ont elles-mêmes besoin d'être libérées de la chaîne des renaissances pour accéder au Nirvâna. Bien plus, les bouddhistes

lettrés ne leur accordent qu'une valeur symbolique, et les considèrent comme une projection du mental que l'homme doit finalement évacuer en réalisant son caractère illusoire. Il n'est pas possible de recenser ici toutes les divinités que le bouddhisme a adoptées, car il faudrait inventorier les différentes aires culturelles dans lesquelles il s'est développé. Il est plus important de noter que, principalement dans le Mahâyâna et surtout au niveau du bouddhisme populaire, les différents Bouddha et Bodhisattva sont honorés comme des divinités. Mais la vénération, la dévotion ou le culte dont ils sont l'objet, sont à interpréter en fonction de la conception que le bouddhisme se fait du divin.

Le bouddhisme est-il une philosophie ou une religion ? Question irritante, parce que mal posée, pour le bouddhisme qui ne se laisse pas enfermer dans nos catégories occidentales. Cette distinction entre philosophie et religion risque de nous mettre sur une fausse piste, car elle manque de pertinence dans un univers aussi intégré que la culture indienne. Mais comment concevoir une religion sans Dieu ? Tout dépend, bien sûr, de la définition donnée de la religion.

Or, la constatation s'impose historiquement : dès le début du bouddhisme et tout au long de son développement, le comportement concret des bouddhistes a été un comportement religieux. Et ce comportement manifeste fondamentalement un besoin de salut. La doctrine bouddhique favorise la prise de conscience de « l'insuffisance radicale de ce monde changeant » par rapport à la béatitude à laquelle l'homme aspire. Mais cette conscience ne peut s'éveiller qu'en fonction d'une exigence d'absolu inscrite au cœur de l'homme, et de la conviction que seul le fait de rejoindre l'absolu peut sauver l'homme, c'est-à-dire le délivrer de toute souffrance et lui donner la béatitude infinie à laquelle il aspire. Or, le Bouddha a enseigné le Chemin qu'il avait découvert lors de son Eveil, et « qui conduit à la paix, à la sagesse, à l'Eveil et au Nirvâna ». Le bouddhisme est donc une religion, parce qu'il constitue une voie de salut.

Certes, Bouddha ne s'est pas présenté comme un sauveur. Il montre le chemin : il n'est pas lui-même le chemin. Pourtant, c'est bien vers un salut total et définitif que tend la démarche spirituelle du bouddhiste, même si celui-ci s'interdit de n'en rien dire positivement. L'originalité du message bouddhique consiste dans le fait que la conversion qu'il propose tire sa force et son orientation exclusivement du pôle négatif (ce dont l'homme aspire à être délivré), tandis que le pôle positif demeure totalement vide. Mais du fait même, il est impossible d'interpréter le bouddhisme comme un ensemble de techniques qui permettraient à l'initié de parvenir au but par ses propres forces et à coup sûr : le salut serait alors l'effet des actes posés. Mais le Nirvâna, étant l'Absolu, ne saurait être l'effet de quoi que ce soit. Le rôle de la voie bouddhique est seulement d'y disposer, sans qu'il soit possible de prévoir quand il sera atteint; car il fera, pour ainsi dire, irruption. Le bouddhiste développe donc une attitude de vigilance, d'attente et de réceptivité qui constitue une ouverture à la transcendance.

En outre, pour orienter l'homme vers son but, la voie bouddhique propose des moyens qui peuvent être qualifiés de salvifiques, à commencer par le Refuge. Le bouddhiste prend refuge dans le Bouddha, le Dharma, le Sangha : il met donc en eux toute sa confiance. Dans ce triple refuge, il faut souligner la prééminence du Dharma. C'est la doctrine elle-même qui est salvifique : le Bouddha n'a fait que la découvrir par lui-même et l'enseigner, et la communauté des moines a pour raison d'être la pratique de cette doctrine et sa prédication. Le rôle du Bouddha est néanmoins essentiel : la foi *(shraddhâ)* dans le Bouddha est salvifique, car c'est grâce à elle que le bouddhiste s'engage concrètement sur le chemin de la libération.

Une autre condition importante de progrès dans la voie est la confiance dans le directeur spirituel, le *guru,* qui a pour rôle de vérifier et d'orienter pratiquement le cheminement de son disciple, étape par étape. Cette confiance dans le guru s'est considérablement développée dans le Mahâyâna, en particulier dans le bouddhisme tibétain, où le dévouement inconditionnel au Lama, la dévotion au sens le plus fort du terme, est vraiment considérée comme un moyen de salut.

Signalons tout spécialement l'importance accordée au développement de la bienveillance-compassion *(mettâ-karunâ)* : le bouddhisme a une perception profonde, au plan existentiel, de la valeur spirituelle de cette vertu, à la fois pour combattre l'égocentrisme sous toutes ses formes, prendre conscience de la solidarité universelle, et comme moyen de communion. Mais ce sont les huit facteurs du Noble Octuple Chemin *(Aniya-atthangika-magga)* qui permettent de développer d'une façon juste cette vertu comme toutes les autres. Enfin une dévotion s'est développée, dans le Mahâyâna, envers les Bodhisattva et les Bouddha secourables.

La voie bouddhique comporte donc un certain nombre de moyens salvifiques. Mais ces moyens ne sont pas tant des causes que des auxiliaires de l'Eveil.

### III. — **Taoïsme**[1]

La Chine a produit le taoïsme au cours d'une longue maturation. C'est une attitude devant la vie. Le taoïsme peut être une religion, une éthique, un système

1. Claude Larre.

du monde et une inspiration qui s'insinue sans effort dans toute l'activité des Chinois et de tout homme qui en accepte l'imprégnation. La dénomination de taoïsme dérive de l'idéogramme et du vocable tao *(dao)*.

1. **La Voie.** — Tao *(dao)* signifie communément : *la voie.* La diversité de sens du mot français se retrouve dans le chinois, avec une richesse de contenu qui est propre précisément à la civilisation chinoise. La Voie est, sous un des aspects les plus importants : le Réel authentique, existant par lui-même, animé d'un mouvement autonome, un chemin qui marche. Elle est en même temps la référence de tout ce qui existe. L'homme, né de la Voie, vit entre ses parents, le Ciel et la Terre. A travers eux, il demeure dans l'embrassement de la Voie, matrice et éducatrice de toute vie, germe et terme de tout développement. Les mots dont nous nous servons pour tenter d'exprimer le fait d'exister sont courts et forcés. Le langage, en effet, n'est jamais de plain-pied avec l'existence. Plutôt que de discourir sur la Voie, abandonnons-nous à la sollicitation que le mouvement naturel exerce sur nous. La Voie accueille qui la trouve, ou mieux, qui l'a retrouvée. Par toute notre vie, tout simplement, vivons le mystère qui nous cerne et nous concerne. Gardons un silence, traversé des onomatopées de l'admiration, professons résolument notre dépendance et faisons l'immense effort nécessaire pour vivre sans effort, livrons-nous à l'étude intensive qui consiste à désapprendre, retournons, sans discontinuer, à la Voie. Ce faisant, nous nous enracinons toujours plus solidement dans l'authentique et le constant. Le Simple *(Su)*, le Brut *(Pu)*, le Naturel *(Ziran)*, nous attirent toujours plus sûrement. Nous nous affectionnons à cette mystérieuse présence qu'on sent sans jamais la voir, immanente à tout,

au-delà de tout. Elle rythme, en nous et à travers nous, le mouvement du métier à tisser. Elle opère partout et c'est en venant à elle qu'une immense et paisible harmonie se manifeste, réconciliant dans l'unité de leur origine les Dix mille êtres apparus sous le Ciel. L'homme est un voyageur qui s'étonne d'exister et s'interroge sur le chemin, sur le terme, sur le sens du voyage, du moins s'il est sage. Si c'est un fol, un jour, reviendra-t-il de sa folie ? Les sages sont des taoïstes, bien entendu ; ils ne sont pas à plaindre. Les arts et la littérature les montrent d'ailleurs très souvent en pleine exaltation. C'est qu'ils ont trouvé leur salut dans la Voie.

2. **Recherche de la Longue Vie.** — Le taoïsme, pratiqué dans un monastère ou dans la solitude d'un ermitage, et, plus souvent qu'on ne le pense, à travers les occupations de la vie de tous les jours, est une recherche de l'Immortalité ou de la Longue Vie. Il est facilement considéré, en Occident, comme un taoïsme religieux ou à dominante religieuse, ce qui peut être abusif. D'autre part, la visite faite aux guérisseurs, aux détenteurs de talismans, aux conjureurs de sorts, aux devins, aux derviches et autres médiums, aux intercesseurs en tous genres, lors des épidémies, des catastrophes, des deuils de famille, les prières, les offrandes, l'encens brûlé devant les images et les statues des divinités et des saints personnages passeront pour des manifestations religieuses du taoïsme populaire. Sans se prononcer sur le caractère vraiment taoïste de ces manifestations de la piété et de la révérence aux puissances de l'au-delà, il est difficile de ne pas les qualifier de religieuses.

Les taoïstes se livrent à des recherches, à des exercices, à des pratiques hygiénistes nombreuses, ils sont alchimistes de l'œuvre externe et de l'œuvre interne, gymnastes d'un yogisme particulier, selon des écoles traditionnelles diverses, poètes, calligraphes, peintres, acupuncteurs, adeptes d'une foule de techniques et d'arts traditionnels. Ils réfléchissent sur ce qu'est la Voie, la méditent et en dissertent, alimentant, de génération en génération, le riche Trésor du Tao. Ceux-là manifestement, mais dans un sens très large, et qui n'est pas exclusif du taoïsme religieux, sont les représentants d'un système du monde et méritent le nom de philosophes taoïstes.

En résumé, pour le taoïsme la vie intègre et unifie les conduites humaines. La distinction, si naturelle pour nous, du profane et du religieux, n'est pas naturelle au monde chinois. En ce sens, les plus apparemment peu portés aux attitudes religieuses ne sont pas profondément areligieux et les plus apparemment respectueux du Ciel et de l'au-delà, marchent résolument les deux pieds sur la terre.

## IV. — Religions d'Afrique noire[1]

L'Afrique noire est un vaste continent où se sont constituées des sociétés multiformes. Elles sont différentes dans le temps, l'espace et l'histoire selon une spécificité de structure, d'organisation et d'équilibre socio-religieux. Une telle hétérogénéité culturelle, apparente dans la diversité même des langues, rend malaisé tout parcours exhaustif du vaste champ des religions africaines. Celles-ci, d'ailleurs, n'ont jamais été ni statiques dans leur rituel, ni fixistes dans l'expression traditionnelle de leurs croyances : la dignité fondamentale de la personne, le respect de la responsabilité individuelle et collective dans le sens d'une fraternité universelle, la marque de la participation de

1. André Boulanger.

l'homme aux forces dynamiques de la Parole et de la Vie. C'est dans ce « lieu » des profondeurs de la pensée et de l'agir que les religions africaines, quoique fort différentes vues du dehors, rejoignent une même vision fondamentale, une tension originelle commune.

Spécifiquement africaine, la vision totalisante de l'existence donne son unité au socio-religieux. L'homme s'est créé un « espace de respiration » qui tend à lui donner équilibre vital et sagesse. En identifiant l'univers et ses puissances, il s'identifie lui-même et tend ainsi à exorciser ses propres angoisses d'existence, angoisses inhérentes d'ailleurs à toute condition humaine.

1. **L'union vitale.** — Selon l'expression de M. Griaule le sentiment religieux africain constitue « un système de relations entre le monde visible des hommes et le monde de l'invisible, régi par un Créateur et des puissances qui, sous des noms divers et tout en étant des manifestations de ce Dieu unique, sont spécialisées dans des fonctions de toutes sortes ». La tension vers une totalité de l'être pousse l'homme à un dépassement de sa condition humaine. La multiplicité des démarches religieuses témoigne d'une même volonté de convergence vers l'union vitale et d'une même foi en la vie-fécondité, force personnelle de création et de renouveau. Ce dynamisme unificateur s'irradie au nœud même des relations entre les forces de l' « Ailleurs » invisible et les forces de l' « Ici » humain. Aussi bien, parler d'animisme, d'ancestrisme, de fétichisme, etc., pour désigner les religions africaines, ne couvre nullement tout le contexte religieux, mais plutôt les différentes dimensions d'une même réalité, les diverses démarches d'une vision essentielle du monde : unité dans la diversité ; vision UNE, enrichie de ces approches multiformes, par laquelle l'homme s'en-

racine dans son identité socio-religieuse d'homme africain.

« Une personne qui se ferme sur elle-même est une personne morte », disent les *Zela* (sud-est du Zaïre). L'homme qui ramène tout à sa dimension temporelle et finie s'isole, s'enferme dans un univers qu'il s'est construit à la dimension de sa petitesse. Ce « repli sur soi », synonyme de mort, apparaît comme l'attitude maléfique par excellence (l'anti-social du sorcier), l'antinomie de cette vision religieuse cosmique, ouverte sur la vie et son dynamisme, fondée sur l'union vitale. Penser ainsi le monde projette l'homme et son devenir dans une transcendance de temps, d'espace et d'être. L'homme se dépasse dans une relation constructive avec Dieu, par la médiation des puissances intermédiaires, ancêtres, génies, esprits, etc. La vie participante et participée devient l'espace où l'homme se pense comme le nœud, le carrefour d'interactions entre le visible et l'invisible.

2. **Dieu absent-présent.** — Ce monde de l'Ailleurs est régi par un Dieu suprême, Créateur et Maître du cosmos. « L'importance de son rôle dans les affaires du monde, écrit H. Deschamps, est très diversement appréciée. Le plus souvent, il est considéré comme trop lointain pour être facilement accessible... » (*Les religions de l'Afrique noire,* 1960).

Mais en même temps, l'Etre suprême est aussi pensé par l'Africain comme un Dieu attentif aux humains, proche de l'homme (noms théophores, formules rituelles, expressions proverbiales...). La véritable figure du Dieu serait donc appréhendée dans le paradoxe même du lointain-proche, de l'absent-présent. « Il faut donc que Dieu ne soit pas compromis (donc absent) sans pourtant cesser d'être le dernier recours (donc présent) qui garantit à l'homme le sens de sa vie » (R. Luneau). Dieu se pose à la fois au-delà de toute relation avec les puissances spirituelles et les hommes, et au cœur même de ces relations, hors du système socio-religieux et fondement de ce système. Il est « garant » de l'ordre du monde, de l'harmonie des êtres et des choses et du sens de l'existence. C'est dans cet équilibre primordial à maintenir par maîtrise de l'ordre et du désordre, par domination des ruptures et des divisions inhérentes aux contingences du vécu et à la pesanteur de l'humaine condition, que se situe la nécessaire médiation des puissances de l'invisible. L'homme peut entrer en relations directes avec ces puissances parce qu'il les « nomme » et, par là même, possède une certaine emprise sur elles.

3. **Les ancêtres.** — Les ancêtres occupent une place centrale et privilégiée dans la quotidienneté du vécu : la relation la plus immédiate avec les forces de l'invisible se situe au plan des rapports entre les morts et les vivants, plus précisément, entre les ancêtres et leurs descendants. La structure familiale, qu'elle soit de type clanique ou lignagère, se fonde en effet sur une communauté qui lie entre eux les ancêtres et leurs descendants. Les ancêtres apparaissent à la fois, comme les puissances tutélaires de la famille, assurant vie, fécondité et prospérité à ses membres, et comme les gardiens des traditions familiales, en tant que défenseurs de son orthodoxie et en tant que juges des actes individuels et collectifs posés en observance ou en infraction de ces mêmes lois. Cette autorité sur le groupe social qu'est le clan ou le lignage n'est toutefois pas uniformément répartie entre tous les ancêtres. Ceux-ci se répartissent la « maîtrise » garante de l'ordre social selon une hiérarchie interne propre à leur condition extra-humaine où les facteurs de temps et de personnalisation jouent un rôle essentiel, outre le facteur primordial d' « éner-

gie vitale » liée aux générations. Le champ d'action imparti à chaque ancêtre « nommé » correspond à la place occupée par celui-ci dans sa lignée actuelle, mais aussi à sa position de « charnière » dans une lignée ramifiée dans l'espace et le temps en segments lignagers ou claniques. La maîtrise des ancêtres sur le groupe social apparaît ainsi connexe à la « soudure » des vivants aux ancêtres, soudure nécessaire tant à la « vie » des descendants qu'à la « sur-vie » des ancêtres eux-mêmes. Partant, cette « survie » ne peut être obtenue que dans le « souvenir » que les vivants gardent d'eux, dans la « parole » qui les manifeste, dans leur « maîtrise » garante de l'ordre, et surtout dans la possibilité d'une « réincarnation » dans les fils à naître.

4. **Esprits et génies.** — Le culte des ancêtres, avec ses rites et ses croyances, apparaît universel en Afrique noire. Mais, à côté de ce culte permanent et homogène, il existe une extrême variété de rapports avec d'autres catégories de puissances invisibles. Ces entités spirituelles que les auteurs appellent dieux secondaires, génies ou esprits, s'inscrivent selon une hiérarchie spirituelle ethnique qui se fonde sur la nature même de leurs rapports avec l'homme, la société et son environnement.

A la tête de ce panthéon des puissances, se trouve fréquemment un Héros civilisateur, Moniteur, Ordonnateur du monde originel, fils du Dieu céleste et de la Terre mère ou premier homme créé par Dieu et père des humains. Chez les *Dogons,* par exemple, le génie des eaux, *Nommo* le troisième (les deux premiers siégeant avec le Dieu *Amma*), occupe une place essentielle. Il est le géniteur de l'humanité, père mythique civilisateur qui apprit aux hommes l'art du feu, de la cuisine, de la poterie, l'usage des outils, etc. Il est aussi « Parole », « Dieu d'eau » qui, en tant que *Nommo* sacrifié et ressuscité, est garant de l'ordre du monde et gardien de la vie. Il est force protectrice et fécondante.

Qu'il y ait ou non, au sommet de la hiérarchie des forces, un premier Moniteur, prototype de l'homme, l'univers invisible apparaît surtout peuplé d'esprits ou de génies de nature très diversifiée, parfois complémentaires, parfois opposés entre eux. Ces entités peuvent être autochtones ou allogènes, c'est-à-dire d'origine étrangère, le plus souvent esprits maîtres de la transe et de la possession. Ils peuvent être aussi des ancêtres mythiques ou des personnages historiques divinisés (rois, devins...). Certains se déplacent, d'autres sont sédentaires, attachés à des lieux bien précis. Certains sont bénéfiques aux humains, d'autres de nature ambivalente, d'autres encore nettement hostiles à l'homme. Le champ d'action et d'influence de ces « dieux secondaires » révèle d'ailleurs mieux encore la diversité même de leur nature spirituelle et de leur position hiérarchique dans l'univers religieux. En effet, certaines catégories d'esprits possèdent une personnalité « nommée » et nettement marquée. Ils se lient aux hommes dans une relation personnelle, par exemple par la transe et la possession : ce sont chez les *Songhay,* les *Holey* divisés en familles, les *Bori* chez les *Haoussa* du Niger, les *Vodun* en pays *Fon,* les *Bisimba* chez les *Zela* du Zaïre, etc. Quant aux esprits de la nature, maîtres de la terre et des eaux, ils apparaissent le plus souvent comme des entités « anonymes », c'est-à-dire qu'il est impossible de les distinguer entre eux autrement qu'en référence aux territoires dont ils ont la garde : ils sont directement liés à la terre dans une relation de gérance et en rapport indirect avec tous ceux qui vivent de et sur cette terre. Notons encore comme dieux secondaires, des dieux météores (pluie, tonnerre, foudre, vent...), des dieux inventeurs des techniques, esprits agraires, esprits de la chasse, de la pêche, de la forge, les esprits gardiens de la royauté, les esprits protecteurs des villages, etc. La brousse et la forêt sont aussi peuplées de sortes de « gnomes » ou « lutins » : petits êtres invisibles, premiers occupants du sol, créés avant les hommes, propriétaires des animaux sauvages. De forme humaine, ils sont toujours plus ou moins grotesques : très petite taille, grosse tête, parfois les pieds disposés à l'envers, la voix aiguë ; ils aiment s'amuser aux dépens des hommes, quand ils ne sont pas franchement malfaisants.

La hiérarchie entre les puissances invisibles qui constituent l'univers est pensée par l'Africain comme vivante, non schématisée en concepts bien définis. Cette structure religieuse est toujours mouvante : certains génies de la nature peuvent être les ancêtres sacralisés de certains groupements claniques autochtones, mais non des autres. Chez les *Serer,* les *Kongo,* les *Dogons,* etc., « les ancêtres sont des divinités qui possèdent leurs autels, leurs prêtres, leur culte ». Aussi bien, les concepts utilisés comme : ancêtres, Héros civilisateur, dieux secondaires, génies, esprits, ne traduisent qu'imparfaitement les termes employés dans les langues africaines et ne sont jamais définitivement acquis.

5. **Les rites.** — Pour l'Africain, l'univers invisible est aussi réel, sinon plus, que l'univers visible. L'homme ne peut rester « vivant » que dans la recherche quotidienne d'une relation essentielle avec les ancêtres et les dieux secondaires, pensés comme intermédiaires et médiateurs entre l'homme et la divinité. Ce rapport nécessaire avec l'invisible s'exprime dans des attitudes et des comportements socioreligieux codifiés dans un rituel. Celui-ci sacralise les temps forts de la vie : naissance, puberté, mariage, mort. Il authentifie la médiation des forces de l'Ailleurs et leur relation avec le

groupe dans la totalité de ses activités, dans son désir de cohésion, de solution des conflits, de continuité lignagère ou clanique. L'extrême diversité des rites — initiation, purification, actions de grâces, propitiation, commémoration... — fonde le « présent » de l'homme, le justifie quotidiennement en tant que participant des deux mondes, l'invisible et le visible. Les rites redonnent ainsi à l'homme, de multiples façons, le sens de son existence à la fois individuelle et collective, car le rituel est une incarnation et un accomplissement de vérités mythiques qui sauvent. Le mythe est appréhendé globalement comme la Parole originelle et première, donnée une fois pour toutes et toujours actuelle, créatrice de « sens ». Le récit cosmogonique *Dogon* en est un exemple type *(Le Renard pâle)*. La connaissance vraie de cette « Parole archétypale » est sagesse s'il y a harmonie entre la Parole « héritée » de l'homme et la Parole première. La Parole sage est liée indissolublement au rite et c'est elle qui, finalement, lui donne efficacité. La relation de l'homme avec Dieu par la médiation des puissances intermédiaires (ancêtres, génies, esprits...) apparaît comme un dialogue du « verbe » où les diverses paroles hiérarchisées se nouent pour servir au bien de la collectivité. Les intermédiaires religieux, prêtres, devins, médiums, jouent un rôle important dans l'harmonie de la société.

La plupart des rites, en tant que recherche d'ordre et d'équilibre social, de relation et d'union avec les puissances de l'au-delà, comportent toujours, soit une offrande, soit un sacrifice sanglant. Et c'est dans l'offrande/sacrifice que se résume le mieux l'essentiel de la pensée religieuse africaine et son enracinement dans le quotidien : communication avec les forces de l'Ailleurs, échange vital avec l'au-delà, union et communion aux ancêtres, etc. Dûment nourries, les puissances invisibles assurent ainsi leur « sur-vie ». En retour, elles renforcent l'homme, le « revitalisent » par le biais du repas communionnel. Ce circuit vital qui exprime et renouvelle l'ordre familial et social, la participation cosmique des êtres et des choses, donne à l'homme africain cet « espace de respiration » qui lui permet de dépasser l'informulable, l'incompréhensible de sa condition humaine. Par là-même, il tente de retrouver inlassablement l'unité originelle symbolisée dans l'Ancêtre mythique, le Premier-Né à qui Dieu a donné la « Parole primordiale » de Vie.

### V. — **Religions australiennes**[1]

Les ethnies aborigènes d'Australie, dont la plus connue est sans doute celle des *Aranda,* présentent des caractéristiques religieuses relativement homogènes.

La croyance première, exprimée dans les *mythes d'origine,* porte sur ce qui est appelé « l'ère du rêve » : époque primordiale, au cours de laquelle des êtres surnaturels, ancêtres totémiques ou héros civilisateurs, ont mis en place le monde tel qu'il existe, y compris les institutions humaines, c'est-à-dire la civilisation. A l'issue de cette période cosmogonique, les êtres surnaturels ont disparu. Certains, épuisés par le travail créateur, sont entrés dans la terre, d'où ils continuent à observer les hommes. D'autres sont montés au ciel, d'où ils se désintéressent des humains. Chaque ethnie se reconnaît un « Père Universel », appelé aussi « Grand Dieu », ou « Héros Céleste ». Cet être suprême porte un nom connu des seuls initiés. La mort est apparue dans l'humanité lorsque les communications ciel/terre ont été brutalement interrompues. Mais, au cours de « l'ère du rêve », chaque humain a

1. René Bureau.

été créé sous la forme d'un esprit. Après sa mort, il retrouvera sa condition prénatale, spirituelle.

Les *rites* australiens consistent à réactualiser ce passé mythique, à refaire l'itinéraire qui va de la terre chaotique au monde sacré et ordonné. Le cycle humain est un élément du cycle cosmique. Il importe de réactiver inlassablement la créativité de l'époque primordiale et de rétablir en permanence le contact avec les êtres surnaturels. Les principaux rites sont relatifs à l'initiation qui comporte la circoncision, des rites du feu, des lustrations, des rites de fécondité, etc. L'initiation se prolonge, chez les hommes et chez les femmes, par des rituels secrets.

Les *hommes-médecine,* analogues aux chamans asiatiques, reçoivent une initiation particulière — où les cristaux de quartz jouent un rôle symbolique important — qui les fait entrer en relation avec les êtres surnaturels. Leurs pouvoirs spirituels leur permettent de guérir, de participer à l'initiation des jeunes, et surtout de défendre les gens contre la magie noire. A l'occasion de chaque mort, c'est l'homme-médecine qui dirige la recherche du « meurtrier », sorcier mangeur d'âmes ; il tient un rôle important dans les rituels funéraires.

Les contacts avec le monde occidental ont donné naissance, comme ailleurs, à des *mouvements religieux nouveaux.* Ainsi, le culte *Kurangara* qui marque une réaction aux valeurs religieuses traditionnelles au profit de la magie : c'est une sorte de société secrète dont les adeptes utilisent des substances magiques dangereuses. — Le *Mulongo* est un culte prophétique et millénariste, où, entre autres rites, se mime la guerre contre les Blancs jusqu'à leur défaite définitive.

Chapitre V

# LA POSTÉRITÉ D'ABRAHAM

Elu et ami de Dieu qui le fait sortir d'Ur en Chaldée (Gn 11, 31) pour lui donner en héritage la Terre promise de Canaan (Gn 12, 7), le Patriarche Abraham, mis par Yahvé à l'épreuve — sacrifice d'Isaac (Gn 22, 1-18) —, est comblé de bénédictions, avec une « postérité aussi nombreuse que les étoiles du ciel et le sable de la mer. Par ta postérité, lui promet Yahvé, se béniront toutes les nations de la terre, parce que tu m'as obéi » (Gn 22, 17-18).

A la suite du récit biblique et de la tradition juive ancienne, le Coran, où son nom revient 69 fois, le présente comme le père et le modèle des croyants, soumis à Dieu, *Muslim.*

Dans le Nouveau Testament où il tient une grande place, Abraham, dont Jésus exalte la foi en la promesse (Jn 8, 56), est pour l'apôtre Paul celui qui « crut en Dieu et ce lui fut compté comme justice. Ses fils sont ceux qui se réclament de la foi et sont bénis avec lui » (Gal 3, 6-9) qui, « espérant contre toute espérance, crut et devint ainsi le Père d'une multitude de peuples » (Rom 4, 18).

Souvent les religions juive, chrétienne et musulmane sont présentées sous l'appellation commune de monothéismes, « doctrine philosophique ou religieuse qui n'admet qu'un seul Dieu, distinct du monde » (*Voca-*

*bulaire* de Lalande). Cette définition a l'avantage de marquer la différence avec le polythéisme (pluriel divin), le panthéisme (monisme de l'être) et l'athéisme. Mais autre est l'Un philosophique de Plotin et l'Unique de la Bible, autre l'unicité de l'élection historique d'Israël par Iahvé, la grandeur solitaire de Allâh, et le Dieu trinitaire, Père, Fils et Esprit des chrétiens, disciples de Jésus.

## I. — La religion juive[1]

1. **L'Un et l'Unique.** — La foi juive ne porte pas sur l'Un, mais sur l'Unique. Il ne s'agit pas d'une affirmation théorique, mais d'une expérience sotériologique faite par Israël. En se montrant dans le relatif de l'Histoire, Yahvé est apparu comme l'unique Libérateur possible, pour un peuple élu d'une façon unique. Israël n'est pas issu d'une monolâtrie originelle, c'est-à-dire d'une unité avant tout cultuelle : ce n'est pas ainsi qu'apparaît la révélation mosaïque dans les textes bibliques. Tout repose sur le sens de l'élection, réalité conférant une mission à un peuple particulier au vu et au su de tout l'univers, non à usage interne. Le monothéisme juif n'est que le nom abstrait d'un rapport concret qui est l'Alliance. Dans un langage plus descriptif qu'ontologique, la Bible exprime que Yahvé est l'unique Sauveur d'Israël. Cette relation, par laquelle Dieu est connu et cru, présente d'abord un aspect restrictif, voire arbitraire (non justifiable par la raison), au grand scandale des « Lumières » européennes, à partir de Spinoza notamment. La nation hébraïque témoigne, par son existence providentielle, humainement improbable, d'un Seigneur qui lui dit : « Au sein des nations qui t'oppriment, Je suis là pour toi, Moi,

1. André Manaranche et Henri Cazelles.

l'Unique, qui dénonce ces idoles aussi vaines qu'asservissantes. » L'Alliance est le rapport d'un avec Un, comme dans le mariage monogamique qui lui sert de symbole. Les nations sont conviées à se mettre en marche vers ce pôle mondial qu'est Jérusalem. C'est donc un universalisme centré. Israël met sa joie à être différent, avec un Dieu unique, mais dans l'espoir de voir se réaliser sa mission : son exclusivisme est inclusif, pourrait-on dire. Partie de l'expérience d'une rédemption, cette foi rejaillit sur la création. Le monothéisme juif n'est pas à confondre avec un paganisme qui n'aurait qu'un seul Dieu. La Bible fait l'apologie d'une Unicité singulière, réelle et concrète : celle d'un Dieu contracté d'abord sur sa consistance interne (Rosenzweig) et appelant ensuite, hors de lui-même, une autre unicité qui lui réponde.

2. **Le Dieu de la personne.** — Le Dieu de la Bible se révèle d'abord comme le « Dieu d'Abraham » avant d'être reconnu comme « Dieu d'Israël », d'où les promesses répétées (Gn 12, 2 s. ; 15, 13-16 ; 17, 3 s. ; 26, 2-5...) d'un Dieu qui parle à l'homme, lui promet assistance (« je suis avec toi »), descendance, possession d'un pays et prospérité. La manière dont la Bible et son Dieu s'insèrent dans le polythéisme du début du IIe millénaire av. J.-C. manifeste que le Dieu biblique a été reçu comme un « je » s'adressant à un « je » dans son intelligence, ses options et sa liberté, avant d'être conçu comme un Dieu moral avec Moïse, puis comme Dieu national avec Saül et David.

3. **Dieu puissance de vie.** — Dans la couche la plus ancienne du Pentateuque (J), le *el (élohim)* d'Abraham est appelé YHWH, à lire certainement Yahvé. Au temps de Moïse on lira en ce nom la racine « être » ; beaucoup de savants pensent encore à une forme de

cette racine. Pour d'autres, ce nom était à l'origine un pronom : « le mien », le *yaum* ou *yau* babylonien devenu à l'ouest *you, yaw* ou *yô*. C'est à ce titre qu'il parle à Adam et Eve, leur donne des ordres, et juge l'homme quand il écoute d'autres voix que la sienne. Il est la puissance de vie qui ouvre le sein (Gn 30, 2) et procrée avec Eve son premier-né (4, 1). La puissance de vie qu'est l'atmosphère, à laquelle les vivants participent par le souffle, lui est entièrement soumise (Gn 3, 8 ; 6, 3). Ce Dieu accepte des présents prélevés sur les produits de l'activité humaine, mais il n'est pas lié par eux (Caïn et Abel). Il protège la vie de l'homme, même quand le sol rejette le meurtrier (Gn 4, 15). Il laisse l'homme mourir tout en promettant à la femme la victoire de sa descendance sur les forces de mort (3, 15). Il laisse l'humanité s'engloutir dans le Déluge, mais il fait grâce à Noé dont il agrée l'holocauste, quand il y a mis fin. Il décrète en effet la perpétuité du rythme des saisons malgré la perversité radicale du cœur de l'homme (8, 21 s.). Enfin, il ne laisse pas s'achever les projets ambitieux d'une humanité prolifique qui va se disperser (Babel) : c'est en Abraham et en sa descendance qu'il prépare une bénédiction pour toutes les familles de la terre (12, 2-4).

4. **Dieu père, Dieu du père, Dieu des pères.** — Le Dieu personnel d'Abraham n'isole pas son protégé du reste de l'humanité. Après avoir agréé l'offrande d'Abel et l'holocauste de Noé, il se révèle à Abraham dans d'antiques sanctuaires : chêne de Moré, chênaie de Mambré. En réponse, le fidèle élève des autels (Gn 12, 7...) et invoque son Dieu sous le nom de YHWH. Toutefois, dans plusieurs actes de culte en Canaan, c'est sous le nom de El que l'acte est accompli (Gn 14, 19 ; 21, 33, etc.). C'est en effet sous ce vocable *(ilu)* que le dieu personnel était souvent invoqué en Mésopotamie. Mais, en Canaan,

c'était le nom du Dieu suprême sans l'autorisation duquel nulle divinité ne pouvait avoir de temple. El était lointain, mais bienfaisant. Il était « Dieu père ». C'est donc sans difficulté qu'Abraham pouvait reconnaître en son Dieu les attributs et le nom du Dieu suprême des Cananéens parmi lesquels il vivait. Mais ce Dieu n'était pas lié à des lieux, ni à des phénomènes cosmiques, ni à des puissances politiques, ni à la fécondité des moissons, ni à des sources guérisseuses, alors même que pour le bien de son fidèle il peut guérir (Gn 20, 17), donner de belles moissons (26, 12), des troupeaux (13, 2) et même « la porte (fortifiée) de ses ennemis » (22, 17). Une seule fois il est fait allusion à la « justice de ce Dieu » (19, 25) et il n'est jamais dit « saint » *(qdš)* car, à cette époque, c'eût été l'éloigner de l'homme et de son comportement.

Ce « Dieu-père » va être reconnu comme « Dieu du père », non seulement par Isaac (26, 24), mais par Jacob (28, 13 ; 31, 53). Dans le polythéisme, le dieu du père était invoqué pour donner plus de garanties à un engagement. Dans la Bible, c'est le Dieu personnel du père (Abraham) qui devient le Dieu personnel du fils ou du petit-fils pour les unir dans une même foi au même Dieu. C'est encore le Dieu du père qui bénit Joseph (Gn 49, 25) et Moïse à la montagne sainte (Ex 3, 6). Mais c'est comme « Dieu des pères » qu'il envoie le même Moïse délivrer les enfants d'Israël. Dieu d'Abraham et maintenant d'Isaac et Jacob, il va être reconnu comme le Dieu d'une descendance devenue nation, en qui se béniront toutes les familles de la terre (Gn 12, 3). Le Dieu de Moïse et des prophètes est maître de la nature et chef de son peuple, dont il assume la conduite par l'Alliance du Sinaï.

5. **YHWH est un « Dieu moral »,** car il impose des stipulations au peuple avec lequel il se lie, que ce soit le rituel d'Ex 34, 10-26, ou les dix paroles d'Ex 20 (Déca-

logue). Ces commandements représentent le plus pur des obligations morales reconnues dans les cultures du IIe millénaire : respect du Dieu personnel en éliminant le culte de toute autre divinité, respect du prochain dans sa personne, sa famille et ses biens. Ce Dieu respecte toujours la liberté humaine, qui se manifeste par les nombreuses « rébellions » du désert.

Protecteur de son peuple sous condition de fidélité à ses paroles, ce Dieu est « lent à la colère, riche en bonté et en fidélité, qui pardonne l'iniquité » (Ex 34, 6 → Num 14, 18). Il va assumer les fonctions du Dieu guerrier (Nb 21, 14 → Ex 17, 8-13).

Les anciennes divinités cosmiques (vents) ou locales (*Lahaï Roï,* Gn 16, 13-14) ne sont plus que des messagers, *male'akîm,* « anges » du Seigneur, parfois porteurs de sa parole comme les ambassadeurs du temps ou les divinités inférieures. Les divinités du paganisme ne mouraient pas ou, si elles paraissaient mourir, elles réapparaissaient. A plus forte raison, le Dieu d'Israël est un Dieu éternel. A lui vont l'adoration, la louange, et l'observation de sa Loi divine, dont il a solennellement remis les Tables à Moïse, sur le mont Sinaï.

## II. — **La religion chrétienne**[1]

La foi chrétienne se spécifie, particulièrement par rapport au judaïsme, en ce qu'elle affirme que, vrai homme, Jésus est en même temps vrai Dieu. Sans remettre en cause la totale altérité de Dieu, elle affirme qu'il est venu lui-même à la rencontre des hommes, au sein de leur propre histoire : le Dieu tout autre s'est fait véritablement « Dieu-avec-nous » (Emmanuel, Mt 1, 23) et s'est donné à reconnaître pour tel dans la vie et la souffrance, la mort et la résurrection *de Jésus*

1. Joseph Doré.

*de Nazareth*, fils de la Vierge Marie. Jésus est Dieu-incarné, Dieu en « position » de Fils. Le chrétien confesse une pluripersonnalité de Dieu : Dieu est pour lui Père, Fils et Saint-Esprit. Par Jésus-Christ, le Père a envoyé aux hommes son Esprit — lequel, révélant du même coup sa propre identité divine, les appelle tous à la *divinisation* (2 P 1, 4, spécialement exploité par toute la tradition orientale dans sa théologie de la grâce), c'est-à-dire au partage effectif, à titre de fils adoptifs, de la vie même de Dieu. Au nom du Dieu de Jésus-Christ, le chrétien refuse un divin qui serait impersonnel, polythéiste ou panthéistique. Il le refuse en professant qu'il n'y a de Dieu que *Dieu,* et en annonçant que *tout homme* est appelé, dans son humanité même, à entrer en communion de vie avec le Dieu trois fois saint — et, dès lors aussi, trois fois proche.

1. **Un dogme « distinctif ».** — Les chrétiens ne sont pas seuls à croire en un Dieu qui se fait connaître des hommes en intervenant activement, et par amour, pour leur salut, ni à confesser une *paternité* de Dieu et donc à reconnaître « de la *filiation* » par rapport à lui.

Ce qui les distingue est qu'ils affirment que c'est *en Dieu même* que se réalisent une filiation et une « spiration » qui, loin de porter atteinte à son unité ou plutôt à son unicité, la caractérisent et la déterminent dans sa spécificité propre : Père, Fils, Esprit.

Certains ont cru possible de contester l'originalité chrétienne. Mais aucune des tentatives faites en ce sens n'est apparue convaincante. Ce n'est pas, par exemple, parce que se rencontre dans l'hindouisme la trilogie de Vishnou, Shiva et Brahma, qu'il est fondé de parler de convergence ou, à plus forte raison, d'équivalence, quand bien même, élargissant beaucoup les perspectives, l'autorité d'un G. Dumézil serait invoquée pour relever l'importance de la structure ternaire dans la vision du monde et l'organisation de la société chez l'ensemble des peuples indo-européens. Avec la Trinité chrétienne en effet, il ne s'agit ni de polythéisme ni, directement, d'organisation des sociétés humaines, mais de *Dieu* et d'un Dieu *un.*

De même, les rapprochements tentés avec les spéculations de Hegel témoignent d'une connaissance assez approximative de cet auteur et de la foi chrétienne. Aucune équivalence entre la Trinité chrétienne et la figure que prend chez Hegel l'Esprit Absolu, au terme du déploiement systématique de toute une dialectique conceptuelle : l'auto-mouvement du Concept ne saurait être assimilé à la révélation de Celui que les chrétiens reconnaissent comme le Dieu vivant et un !

A vrai dire, le dogme trinitaire est si distinctif des chrétiens qu'il les spécifie même à l'intérieur du champ des « religions révélées », expression commode sous laquelle, non sans approximation, sont regroupés parfois, avec le christianisme, le judaïsme et l'islam. Si le judaïsme s'est maintenu, refusant d'adhérer à Jésus et au christianisme né de lui, c'est, au plan religieux du moins, par refus de remettre en cause le monothéisme yahviste compris selon les strictes conceptions de la tradition mosaïque. Quant à l'islam, la confession « Il n'y a de Dieu qu'Allah et Mahomet est son prophète » suffit à marquer son refus radical de la divinité de Jésus et de la Trinité chrétienne.

2. **Un dogme « unitif ».** — Distinguant radicalement les chrétiens de ceux qui ne le sont pas, le dogme trinitaire les unit aussi radicalement entre eux, malgré ce qui peut les séparer.

Certes, les orthodoxes sont en désaccord avec l'introduction dans le credo de Nicée-Constantinople, vers la fin du VIIe siècle, de la formule du *Filioque.* Car au lieu d'admettre, comme le dit cette formule, que l'Esprit « procède (= tire son origine) du Père *et du Fils* », ils tiennent qu'il procède du Père *par* le Fils. Par ailleurs, très marquées par des approches sacrificielles et substitutives de la rédemption et peu enclines à majorer l'importance des médiations ecclésiales dans la justification du pécheur, les églises de la Réforme insistent sur la place centrale du *Fils* incarné en Jésus, mort sur la Croix pour nos péchés et ressuscité pour notre justification (Rm 4, 25). Et la tradition orientale a toujours et en tout (de la théologie de la grâce — conçue beaucoup plus comme divinisation que comme justification — à celle des sacrements), développé considérablement la pneumatologie (discours sur le Pneuma = *Esprit*).

Quoi qu'il en soit pourtant, de la divergence doctrinale et des différences d'accent signalées, ni la première ni les secondes n'attentent à la foi commune des chrétiens au dogme fondamental du christianisme.

3. **La connaissance du mystère de Dieu en Jésus-Christ.** — Le christianisme ne pose pas le problème de la connaissance de Dieu en termes, seulement, d'*accès de l'homme* à une Réalité qui, par définition, le dépasse. Il professe la *venue de Dieu lui-même* vers les hommes. Cette révélation de Dieu aux hommes a commencé de s'accomplir dans l'Ancien Testament, à travers les événements de l'Alliance, pour le peuple d'Israël et la religion juive; mais elle a culminé en Jésus-Christ. Depuis lors, non seulement Dieu n'est plus simplement à chercher « à tâtons » (Ac 17, 27), mais il ne se contente plus de se faire connaître par des *intermédiaires* humains — le roi, le prophète, le sage, le prêtre —, dépositaires de son Esprit et à ce titre exécuteurs de sa volonté, hérauts de sa parole, témoins de sa sagesse et de sa sainteté. En Jésus-Christ, il s'est manifesté et révélé *lui-même* au cœur de

leur histoire. Il est venu vers eux, s'est fait l'un d'eux, « Dieu-avec-eux ».

*Une pluralité en Dieu.* — Apparaissant effectivement lui-même comme manifestation et même comme incarnation de Dieu, Jésus-Christ ne cesse jamais pour autant, dans son existence terrestre comme dans son destin pascal (Résurrection), de se définir tout entier par référence à « un autre » qu'il nomme son Père et dont il se présente comme le Fils en un sens tout à fait singulier : il n'a pu être reconnu comme Dieu qu'en rapport constitutif à cet Autre que l'Ancien Testament appelait Yahvé... mais qui, dès lors, ne peut plus se définir lui-même comme Dieu indépendamment de Jésus-Christ. Ainsi une tension, une bi-polarité se manifestait *en Dieu* puisque, à la fois, Dieu était véritablement « en Jésus », et cependant Jésus ne pouvait se comprendre lui-même que comme référé à une « Réalité de Dieu » qu'il n'était pas lui-même. Cette référence de Jésus à un Autre divin fait apparaître ce dernier comme Père, et Jésus le Fils de l'homme, ne peut être compris, ni comme seulement-homme ni comme Dieu-absolument, mais comme *vrai Dieu en tant que Fils de Dieu.*

Un processus analogue a conduit de cette reconnaissance d'une bi-polarité à l'affirmation d'une tri-nité en Dieu, quand les premières communautés chrétiennes ont perçu que, *mutatis mutandis,* elles devaient affirmer aussi d'un Troisième ce qui, en un premier temps, avait été dit du seul Jésus-Christ. Apparaissant accomplir lui-même une œuvre proprement divine dans la vivification et la sanctification des croyants, à la fois à son titre propre et en relation de dépendance constante par rapport à Jésus-Christ et par rapport à Celui que Jésus nommait son Père, ce Troisième fut lui aussi reconnu comme *Dieu,* constitutivement relié au Père et au Fils déjà reconnus en Dieu. Compte tenu de la parenté de ses modes d'action et de manifestation avec ceux que l'Ancien Testament attribuait à l'Esprit de Dieu, l'usage s'est établi d'appeler *Esprit* du Père et du Fils, Esprit d'Amour, Esprit de Sainteté, et finalement, Esprit-Saint, ce troisième manifesté en Dieu par la révélation accomplie par et en Jésus, le Christ.

*Le mystère de Dieu.* — Révélé en Jésus-Christ le Fils et par l'Esprit-Saint, mais de telle sorte que ce qui le révèle participe effectivement de ce qu'il est, le Dieu de la foi chrétienne se réalise à la fois, et dans l'unité, comme Père, Fils et Saint-Esprit. Mais il n'est pas seulement le Révélé, il est aussi en Jésus-Christ le Révélateur, et dans l'Esprit-Saint celui par qui s'accomplit la Reconnaissance de la révélation comme telle. Le théologien calviniste Karl Barth a beaucoup souligné ce caractère essentiellement trinitaire de la révélation comme telle. Et le théologien catholique Karl Rahner a bien mis en valeur le fait que parler de Trinité suppose radicalement reconnue la correspondance étroite entre ce que Dieu est en lui-même et ce qu'il révèle de lui-même *ad extra.*

Un étonnement majeur demeure : *le fait même que* Dieu se révèle, vienne vers les hommes, et soit parmi eux en Jésus-Christ et en eux par l'Esprit-Saint. Dire que Dieu est « mystère » ou parler du « mystère de la Sainte Trinité », n'est pas seulement voir Dieu comme une Réalité inaccessible aux efforts des hommes et incompréhensible à leur esprit et le concevoir comme un Dieu *caché (Deus absconditus).* C'est justement quand il est révélé que Dieu apparaît dans tout son mystère : « Qui donc est Dieu pour nous aimer ainsi ? » — La réponse la plus fondamentale de la foi chrétienne est : *Dieu est amour.* L'incompréhensibilité du mystère n'apparaît plus seulement concerner la pure raison raisonnante. Elle sollicite aussi en l'homme *la décision de la foi* en l'amour : « l'amour seul est digne de foi », et la foi seule est digne de l'amour. Rien ne peut « expliquer » l'amour humain et en « rendre raison » : à combien plus forte raison cela vaut-il de l'amour d'un Dieu-Amour. L'incompréhensible en Dieu n'est pas seulement qu'il est Dieu et ce qu'il est comme Dieu. A vrai dire, le mystère de Dieu est que, étant Dieu, il soit venu vers les hommes au point de se révéler-communiquer véritablement à eux. La révélation n'est « compréhensible », à la fois que si elle procède d'un amour, et que si, par elle, Dieu se révèle tel qu'il est. Elle est révélation d'un Dieu qui *est* Amour, qui *est* l'amour même qu'il *nous manifeste.* Là est proprement le mystère *révélé* de Dieu.

*La Trinité et l'unité de Dieu.* — Seule une décision de foi peut accueillir une telle révélation. S'il est exclu de prouver par la seule raison que Dieu s'est révélé, il l'est autant de démontrer qu'il est Trinité. Il n'en reste pas moins que, *lorsque* la foi accepte la révélation, elle livre à l'intelligence un « objet » sur lequel elle l'appelle du même coup à réfléchir. C'est l'office de la théologie d'approfondir cette réflexion sur et dans la foi, qui a par essence vocation d'être un *rationabile obsequium* (Rm 12, 1).

4. **L'Eglise.** — Jésus-Christ est à l'origine historique de ce rassemblement organisé de ses disciples appelés pour la première fois à Antioche, chrétiens. L'Eglise est la communion de ceux qui croient au Christ et ont reçu le baptême qui les a visiblement agrégés au Christ. Ils constituent, le mot est de saint Paul, son corps vivant. Il en est la tête. L'Esprit en est l'âme. Ils en sont les membres. Il les fait communier à sa vie et à sa personne en se donnant à eux par les sacrements,

signes privilégiés et efficaces de son amour dont l'eucharistie est le mémorial.

Action de grâces, mémorial de la Pâque, présence réelle du Christ sous les espèces du pain et du vin consacrés par un prêtre validement ordonné, source, cœur et sommet de la vie ecclésiale, l'eucharistie est le gage de la vie éternelle dans l'Eglise du ciel, avec la Vierge Marie et tous les saints, selon la promesse de Jésus : « Je suis le pain vivant descendu du ciel... Qui mange ma chair et boit mon sang a la vie éternelle, et moi, je le ressusciterai au dernier jour » (Jean 6, 51, 54).

Pour toutes les générations, Jésus-Christ est la voie, la vérité, la vie. Pour les conduire à sa suite, il a établi le collège des douze apôtres, avec Pierre pour chef, dont le pape, l'évêque de Rome, est le successeur, entouré par les évêques. En charge du peuple de Dieu, ils exercent leur ministère d'enseigner Sa parole (les Saintes Ecritures), de le sanctifier (sacrements) et de le gouverner. Les Conciles œcuméniques sont l'expression suprême de leur magistère au service de l'Eglise une, sainte, catholique et apostolique, qui est, selon le mot de Bossuet, Jésus-Christ répandu et communiqué. « Dieu veut que tous les hommes soient sauvés », affirme saint Paul (I Tm 2, 4). L'Eglise est le sacrement du salut à travers les temps. A leur fin, le Seigneur reviendra juger les vivants et les morts et rassembler l'immense peuple de Dieu dans son éternité bienheureuse. L'Eglise sera alors la Jérusalem céleste. Et *Dieu sera tout en tous* (1 Co 15, 28). Le vieux rêve de l'humanité sera accompli, et l'espoir enraciné au cœur de l'homme, comblé de façon suréminente : *Ils seront son peuple, et lui, Dieu avec eux, sera leur Dieu. Il essuiera toute larme de leurs yeux. De mort, il n'y aura plus. De pleur, de cri et de peine, il n'y aura plus, car l'ancien monde s'en est allé,* selon la vision prophétique du royaume décrite par saint Jean (Ap 21, 3-4).

Dès lors, en attente et en charge d'éternité, l'Eglise est le Royaume de l'espérance, qui est foi en l'amour. Son message est celui du Christ : *Tu aimeras le Seigneur ton Dieu de tout ton cœur, de toute ton âme, de toutes tes forces, et de tout ton esprit. Et tu aimeras ton prochain comme toi-même* (Lc 10, 27). La vocation du chrétien est un appel et un partage du don de Dieu fait homme en Jésus-Christ, la grâce de vivre en plénitude l'existence humaine, dans la joie d'être aimé de Dieu et de s'acheminer vers la plénitude de son amour dans la communion trinitaire.

## III. — La religion musulmane[1]

A la suite de Muḥammad le prophète (c. 570-632), les *musulmans (muslimûn)*, en *se soumettant à Dieu (Allâh)* — *islâm* veut dire *soumission* —, entendent Lui rendre l'honneur et la gloire qui Lui sont dus comme Créateur et Maître. L'ensemble de ces *croyants (mu'minûn),* monothéistes intransigeants, constitue une *Communauté maternelle, Umma (umm* signifie *mère),* qui les forme et les nourrit, les imprègne et les contraint, les soutient et les exalte : c'est l'*Islam* en tant que *société unitaire,* où tous et chacun se sentent solidaires et frères, malgré les nombreuses différences de race, de langue et de civilisation. Quatorze siècles d'histoire l'ont diffusé à travers l'Asie et l'Afrique et établi une solide diaspora en Europe et en Amérique.

Les Musulmans ont un certain *projet de civilisation,* en vue de construire la cité idéale dont ils rêvent depuis les origines, et ils vivent en même temps un *projet religieux,* où la quête de la Face de Dieu et la proclama-

1. Maurice Borrmans.

tion de l'Honneur dû à l'Unique développent des vertus personnelles et communautaires.

1. **L'Islam et son projet de civilisation.** — Partout où des Musulmans constituent des communautés importantes, l'Islam se présente comme *religion et Etat (dîn wa-dawla), culture et civilisation,* tellement la distinction entre le temporel et le spirituel leur est étrangère : ils donnent presque toujours l'impression de vouloir construire un *monde à part* où tout Musulman pourrait se sentir à l'aise. Et les nationalismes modernes n'ont pas réussi à effacer ce sentiment qu'éprouve tout Musulman d'être *chez lui* en tout pays islamique, parce que membre de la « *meilleure communauté que Dieu ait jamais créée sur la terre* » (Coran 3, 110). Dans cette vaste *communauté religieuse internationale (Umma),* une véritable solidarité unit tous les Croyants musulmans, surtout en ces périodes d'exaltation collective que sont le mois de Ramadan et les jours du pèlerinage à La Mekke.

Si l'ère musulmane commence avec l'émigration de Muḥammad *(hijra),* en 622, de La Mekke à Médine, et si elle coïncide avec la naissance du *premier Etat islamique* dont le Prophète est le chef parce que *calife (khalîfa)* de Dieu, cela ne signifie-t-il pas que, pour beaucoup, le projet religieux de la *prédication muḥammadienne* à La Mekke devait nécessairement se concrétiser et se parfaire en un *projet de civilisation* où la politique et le droit relèveraient directement d'une Loi que Dieu aurait révélée? C'est là que s'origine la volonté collective des Musulmans de réaliser enfin sur terre *la cité musulmane parfaite,* « demeure de la soumission et de la justice », qui s'oppose à la « demeure de l'impiété et de la guerre ». Que l'Islam ait engendré des sociétés sacrales aux réalisations historiques multiformes suivant les califats et les dynasties, nul ne saurait le nier ni le refuser. Mais que, dans sa fidélité au Coran et au Prophète, il ait cru devoir en conclure que l'Etat de Médine (de Muḥammad et des quatre Califes « bien dirigés », 622-661) demeurait le prototype de tout Etat islamique et que ce modèle restait encore valide, en tous temps et tous lieux, voilà le problème qui est au cœur du débat contemporain entre *Musulmans traditionalistes* ou *fondamentalistes,* d'une part, et *Musulmans réformistes* ou *laïcisants,* de l'autre.

2. **L'Islam et son projet religieux.** — L'Islam est d'abord et surtout un *projet religieux* qui fait de tout homme un « témoin de Dieu » et son « lieutenant » sur la terre. La religiosité de la société musulmane et de ses membres est un fait massif et parfois envoûtant, qui imprègne toute la vie sous tous ses aspects et ses moindres comportements. Chacun en est fier et participe ainsi à ce triomphe des *droits de Dieu (ḥuqûq Allâh)* et des lois de l'Islam dans la société temporelle, au nom du devoir communautaire de *commander le bien et d'interdire le mal.* La religion demeure une affaire sociale qui connaît des rythmes communautaires exaltants, quand ils ne sont pas contraignants. Mais, à l'intérieur de tout cela, l'Islam est une *grande aventure personnelle* où le Croyant, à l'imitation de Muḥammad, est invité à répondre à cette *Parole de Dieu* qu'est le *Coran* par le témoignage d'une *confiante soumission (islâm)* traduite par un *credo* des plus simples, un *culte* exigeant, une *conduite* conforme à la Loi et une *expérience religieuse* intérieure qui peut aller jusqu'à l'approche mystique du Mystère. Monothéisme abrahamique arraché par Muḥammad à ses développements mosaïques et christiques, l'Islam est foi au Dieu unique et obéissance à Ses ordres. La grandeur de l'homme

réside dans ce témoignage et ce service : « *Je témoigne, donc je suis.* »

Le Musulman est, avant tout, un *soumis à Dieu (muslim)*, suivant l'exemple d'Abraham, Moïse, Joseph, Jésus et ses disciples : *La Religion, aux yeux de Dieu, est la Soumission* (Coran 3, 19). Le monothéisme primordial de la « nature créée » *(fiṭra),* que pratiquaient ces *Ḥanîf-s* arabes dont Muḥammad reprend le message, n'est que le développement du *pacte prééternel (mîthâq)* par lequel les Fils d'Adam ont déjà reconnu que *Dieu est leur Seigneur* (Coran, 7, 172). Abandon fondamental entre les mains du Créateur : *Confie-toi en Dieu! Dieu suffit comme protecteur!* (Coran 4, 81). Seul Dieu « met en sécurité » *(mu'min)* et permet au Croyant de dire : *Le secours ne me vient que de Dieu. Je me confie à Lui et je reviens rependant vers Lui* (Coran 11, 88).

En échange de cet *islâm* du Croyant, Dieu lui accorde un triple viatique : Sa Parole, le *Coran,* Son Prophète, *Muḥammad,* et Sa Communauté, l'*Umma,* qu'il propose à sa méditation, à son imitation et à sa consultation.

Nourri quotidiennement à cette triple source, le Musulman peut vivre sa *foi (îmân) simple, monolithique* et *inconditionnelle.* Il proclame *l'unité, la grandeur et l'honneur de Dieu* à temps et à contretemps, évitant de Lui associer qui ou quoi que ce soit, ce qui le rend d'autant plus soupçonneux vis-à-vis du monothéisme des chrétiens. Il médite les 99 Très Beaux Noms de Dieu mais se refuse à L'interroger sur Son identité dernière. Il croit aux *Anges,* aux *démons* et aux *djinns.* Il vénère toute la *Tradition prophétique,* d'Adam à Muḥammad, en passant par Abraham, Moïse et Jésus. Il adhère à la Torah, à l'Evangile, aux Psaumes et au Coran, bien qu'il ne consulte guère les trois premiers de ces Livres sacrés, car les deux premiers sont falsifiés et le troisième ne fournit aucune loi nouvelle. Il sait que l'histoire s'achèvera un jour et que la Résurrection, le Jugement et l'Ultime Vie (Paradis ou Enfer) représentent une *eschatologie uni-universelle* où triomphera la toute-puissante Miséricorde de Dieu, *le meilleur de ceux qui pardonnent* (Coran 7, 155).

L'humble service qu'il fournit au Dieu des Miséricordes réside dans le *culte dépouillé* qu'il Lui voue depuis sa puberté jusqu'à sa mort « résignée » : *confession de la foi (shahâda), prières* quotidiennes *(ṣalât), jeûne (ṣawm)* de Ramadân, *aumône légale (zakât)* ou surérogatoire, *pèlerinage* à La Mekke *(ḥajj)*. Rites simples et nets, accomplis individuellement ou dans la ferveur d'une société qui jeûne, unanime, ou « pèlerine » communautairement aux Lieux de la Révélation, ils appellent une intériorisation où la spiritualité du *soufisme* a su voir les premières étapes d'un itinéraire vers Dieu, tandis que l'orthodoxie sourcilleuse y fixe les sommets ordinaires de l'expérience musulmane de Dieu. Au-delà de l'accomplissement intériorisé de ce culte et de l'obéissance plénière à la Loi, certains Musulmans ont su accéder aux voies ascétiques de la purification du cœur : le *repentir* d'abord *(tawba)*, les *privations* ensuite *(zuhd)* et l'*abandon* enfin *(tawakkul)* permettent d'arriver à une connaissance supérieure de Dieu *(ma'rifa)* où la *proximité (qurb)* et la *rencontre (liqâ')* laissent entrevoir la vision, comme le fait pressentir le Coran lui-même : *Ce jour-là, il y aura des visages brillants qui tourneront leurs regards vers le Seigneur* (75, 22-23), car *Dieu est la lumière des cieux et de la terre... Lumière sur lumière ! Il guide, vers Sa lumière, qui Il veut* (24, 35). Ce fut le privilège des Mystiques, que l'Islam orthodoxe a souvent suspectés et parfois condamnés : la distance infinie qui sépare le Croyant de son Dieu ne saurait jamais être comblée, car le culte n'est que service, la foi, témoignage, et la vie, soumission. Mais Dieu sait Se rendre proche du Croyant, lui témoigner Sa satisfaction et le combler de Ses miséricordes. Grandeur étrange d'une transcendance qui entraîne l'homme à rechercher la Face du Dieu et à en proclamer les Plus Beaux Noms ! Dieu semble lui refuser l'entrée de Son Mystère, mais lui donne cependant d'être assez grand pour en être le Témoin.

La conception musulmane de Dieu souligne sa grandeur. Sensible à travers tout le Coran, et singulièrement dans le verset du Trône (2, 255), cette grandeur caractéristique et particulière naît de la solitude absolue propre à Allâh. Le Dieu biblique, au contraire, veut communiquer même sa sainteté : « Soyez saints, car je suis saint, moi, le Seigneur, votre Dieu » (Lv 19, 2). Il a fait l'homme « à son image » et à sa « ressemblance » (Gn 1, 27 ; 5, 1-3). La différence est ici radicale avec Celui dont le Coran affirme : « Rien n'est à Sa ressemblance » (42, 11).

Conclusion

# LE SALUT DE L'HOMME ET L'AVENIR DE LA RELIGION

## I. — Le salut de l'homme

Quelle que soit la manière dont elle se formule, l'interrogation sur le salut est une des plus fondamentales pour chaque existence personnelle et pour toute l'histoire de l'humanité. Pour y répondre, les religions proposent des visions différenciées de la destinée de l'homme et de l'avenir du monde. C'est un fait : à la racine de toutes les conceptions salvifiques se trouve une expérience d'insatisfaction plus ou moins radicale de la condition présente de l'existence.

Il est des sagesses, des mystiques et des religions pour ne proposer d'autre issue salvatrice qu'un *consentement* plus ou moins résigné et serein à une telle condition, qu'elles invitent à considérer comme un « ordre des choses » finalement inéluctable. Telles sont les voies stoïciennes ou stoïcisantes, et celles qui rattachent à la volonté d'un Dieu créateur du monde et maître souverain de l'histoire l'ordre des choses en question. C'est le cas pour maintes formes de providentialisme et, d'une manière spécialement religieuse, pour l'Islam. Dans ce premier type de proposition salvifique, il est essentiel de mettre constamment un frein solide au désir. Et il ne faut compter qu'avec la plus grande circonspection sur son exaucement effectif et durable, du moins là où la dimension religieuse théologale est absente ou fortement estompée. Bref : s'il est ici un salut définitif, il est difficile de parler d'un salut plénier.

Selon une autre approche, la solution est cherchée dans une échappatoire à la menace et à l'épreuve, et à l'insatisfaction ou à la protestation qu'elles suscitent. Le salut est alors un *arrachement* à la condition malheureuse de départ et à ce qui est considéré comme la cause de son malheur. Les gnosticismes et spiritualismes de toute espèce dénoncent la matière et le corps, tout spécialement la sexualité. Ils invitent en conséquence de mille manières à en rechercher, suivant les cas, la relativisation totale, l'extinction définitive ou même l'anéantissement radical. L'éventail est ici très large : il va de certaines formes du platonisme à des courants marginaux comme le catharisme ou récurrents comme le manichéisme, en passant par maintes obédiences métaphysistes, déistes et « ascétistes ». Cette deuxième approche met en avant l'aspect de libération et de délivrance, et concentre l'attention, dans la problématique salvifique, sur ce qui en constitue le pôle négatif. Le bouddhisme surtout, et déjà le brahmanisme, vont tout à fait en ce sens. Il s'agit de s'arracher au cycle des renaissances, et donc à l'univers de l'impermanence. Cela suppose de se libérer du karma qui résulte du désir, lequel est finalement cause de toute souffrance. Parvenir, comme c'est possible, à l'extinction de tout désir, c'est atteindre le salut véritablement *définitif.* Toutefois, dans la perspective bouddhique, le salut ne se réalise en vérité pour aucun Soi. Ne consistant finalement qu'en la découverte et la réalisation de l'*anattâ,* du non-soi de toutes choses, le salvifique bouddhique ne peut être que le champ d'une vacuité radicale.

Sur cet arrière-plan d'ensemble, la foi chrétienne annonce elle aussi un salut qui est libération, *délivrance.* Mais elle ne s'en tient pas à cet aspect : le salut qu'elle confesse a aussi, positivement, le caractère d'un accomplissement, d'une *plénitude.* Les distinctions que permet et met en œuvre la langue allemande sont ici éclairantes. Si le salut chrétien est *Erlösung,* détachement et délivrance, arrachement et libération, il est aussi *Heil,* santé florissante et épanouissement de vie, plénitude et accomplissement.

Un tel salut ne sera *définitif et plénier,* définitif comme plénier, que lorsque sera accomplie la résurrection des morts. Mais, en ceux en qui il a commencé de cheminer, il a *définitivement* commencé : ils ont déjà commencé d'être ce qu'ils seront. Et s'il prend déjà consistance pour et dans des existences humaines historiques, c'est que, en Jésus-Christ mort et déjà ressuscité d'entre les morts, Dieu a *définitivement* dit aux hommes et à leur monde « un Oui et un Amen ».

Il n'est pas à craindre que, lorsque ce salut sera *définitivement accompli,* Dieu étant « tout en tous » (1 Co 15, 28), les sauvés ne perdent alors, dans l'exaucement même de leur désir, leur identité d'êtres toujours portés en avant d'eux-mêmes. Car, ne s'égalant jamais à la totale altérité toute de bienveillance *(mettâ-karunâ ?!)* qui *sera* pour toujours leur salut, ils n'auront jamais fini d'en découvrir la grâce, d'en célébrer et d'en recevoir la plénitude. Ils iront, comme le dit Origène, « de commencements en commencements jusqu'à des commencements qui n'auront jamais de fin ».

## II. — **Communion et réconciliation**

Le salut chrétien est communion de vie avec Dieu, à la fois Père de la vie, Fils incarné, mort et ressuscité, et Esprit-Saint vivifiant. Il englobe la notion latine et plutôt paulinienne de la justification avec la notion grecque et plutôt johannique de la divinisation. Il est grâce offerte, partagée et communiquée pour les hommes et pour le monde. Rédemption et libération, le salut est réconciliation.

Ce terme de salut renvoie à une séparation à laquelle il met fin, à la rupture avec Dieu, fruit du péché, qui a besoin du pardon de Dieu. Mais d'autres ruptures marquent l'existence des hommes et conduisent à formuler l'espérance d'un salut à forme de réconciliation. La langue allemande a un terme extrêmement parlant pour exprimer la réconciliation *avec Dieu* : elle parle de *Versöhnung,* c'est-à-dire d'une restitution de « filiation » (*Sohn* = fils). En tant qu'il réconcilie les hommes avec Dieu, le salut les établit dans un rapport avec lui qui vérifie toutes les prérogatives de la filiation : réception de la vie, partage d'existence, privilège d'une sollicitude et d'une protection constantes, destination à l'héritage. Mais qui dit filiation par rapport à un père dit fraternité par rapport à tous ceux qui relèvent de sa paternité. Le salut comme réconciliation avec Dieu entraîne la réconciliation avec les frères, *avec les autres hommes,* à travers les immenses champs du politique, de la vie économique et sociale, des échanges culturels, de l'édification des Communautés familiales, nationales et internationales, dans l'amour et le respect mutuel.

Réconcilié avec Dieu et avec ses frères, l'homme religieux se réconcilie aussi *avec la nature,* en mettant un terme à l'exploitation désordonnée des ressources naturelles et aux détériorations constantes que subit l'environnement humain. Ces réconciliations opérées, il peut alors être en paix *avec lui-même*, libéré de l'anxiété, capable de ne plus être accablé par ses propres insuffisances et errements, et serein devant la réalité, assumée avec courage et sérénité, lucidité et amour.

Enfin, notre temps appelle une *réconciliation des religions* entre elles. Affrontées à la modernité, les religions, souvent irréductibles les unes aux autres, tentent d'entrer en dialogue et de dépasser des affrontements sans merci pour des confrontations pacifiques et des relations fécondes, aussi loin de l'autoposition péremptoire que de l'abandon relâché devant les formes contemporaines de l'athéisme, de l'incroyance et de la nouvelle religiosité sectaire. La Conférence interreligieuse qui s'est tenue à Kyoto en octobre 1970 regroupait des représentants du bouddhisme, du christianisme, de l'hindouisme, de l'islam, du judaïsme et du shintoïsme. Le pape Jean-Paul II, répondant à l'invitation d'Hassan II, roi du Maroc et commandeur des croyants, s'adressait, le 19 août 1985, à Casablanca, à des dizaines de milliers de jeunes musulmans pour leur dire : « Dieu attend de nous l'obéissance à sa volonté, dans une libre adhésion de l'intelligence et du cœur, à l'abri des contraintes extérieures. Dieu ne peut jamais être utilisé à nos fins, car il est au-delà de tout. On ne peut invoquer Dieu, Père de tous les hommes, tout en refusant de respecter tout être humain. L'obéissance à Dieu et cet amour pour l'homme doivent amener à respecter les droits de l'homme. »

*La rencontre de prière des* représentants des *religions*, venus *à Assise* le 27 octobre 1986 à l'appel de Jean-Paul II, a été le signe d'une nouvelle dynamique dans le dialogue et la collaboration. Sikhs et hindous, juifs et musulmans, shintoïstes et bouddhistes, jaïnistes et zoroastriens, animistes et amérindiens se retrouvent pour la première fois dans l'histoire avec les chrétiens pour prier pour la paix. Dans son allocution de bienvenue, le pape souligne la signification profonde de cet événement sans précédent : « Le rassemblement de tant de chefs religieux pour prier est en lui-même une invitation faite aujourd'hui au monde à prendre conscience qu'il existe une autre dimension de la paix ou une autre manière de la promouvoir qui ne résulte pas de négociations, de compromis politiques, ou de marchandages économiques. Elle résulte de la prière qui, dans la diversité des religions, exprime une relation avec une puissance suprême qui surpasse nos seules capacités humaines. » Assise témoigne de la place essentielle des religions dans la recherche de la paix et donne le signe d'une nouvelle conscience de fraternité entre les croyants.

Le 4 août 1987, à *Kyoto,* Eita Yamada, gardien du temple Eurakuji, au sommet du mont Hiei, accueillait les représentants de huit grandes religions du monde. Au terme de cette nouvelle rencontre de prière pour la paix dans l'esprit d'Assise, les participants ont souhaité une collaboration plus étroite entre les religions dans la recherche de la paix par la prière et des efforts communs pour le désarmement, la défense des droits de l'homme et l'aide aux réfugiés.

Ces événements, porteurs d'un avenir prometteur de dialogue et de fraternité interreligieuse, ne peuvent cependant cacher une réalité préoccupante : la montée du fondamentalisme religieux, non seulement islamique, devenu persécuteur, en particulier au Soudan, mais aussi en des religions traditionnellement tolérantes comme l'hindouisme. L' « esprit d'Assise » a besoin d'être promu inlassablement pour l'entente au sein des nations et la paix entre les peuples.

Le pape Jean-Paul II est allé porter ce message aux représentants du monde culturel et religieux réunis au palais présidentiel de Carthage en Tunisie, le 14 avril 1996. Invitant ses auditeurs à surmonter le double écueil du syncrétisme et de l'indifférentisme, il a invité musulmans et chrétiens à cheminer ensemble fraternellement sur la route de l'histoire, dans la même foi au Dieu créateur où les croyants trouvent leur origine personnelle et leur destinée commune.

## III. — L'avenir de la religion

Au centre de toute religion, l'expérience du sacré est celle d'une relation vivante avec le Transcendant, avec l'Ineffable. A travers une hétérogénéité de formes assez déconcertante, le phénomène religieux se manifeste dans son homogénéité de nature comme irréductible à toute réduction de type historique, psychologique, socio-culturel, économico-politique. L'homme religieux a conscience de rencontrer une réalité absolue, le sacré, mystère d'une présence divine invisible que manifestent les hiérophanies et qui est le Tout autre, le réel absolu, vivant et source de vie.

La religion relie l'homme à cette réalité avec laquelle il entre en contact par l'acte rituel. Cette valeur absolue donne sens à son existence, ordonne le chaos en cosmos, et apporte cohérence à l'histoire, à travers les mythes paradisiaques et eschatologiques : l'irruption du sacré fonde le monde, le contact vivant avec lui le maintient dans sa cohérence et la communion avec lui permet à l'homme de vaincre le mal et de triompher de la mort.

Survie sous forme inférieure et diminuée du *Schéol* des Hébreux et de l'*Hadès* des Grecs, vie ralentie près des dieux des Egyptiens, réincarnation hindoue, Nirvâna bouddhique, la croyance primitive et universelle de la poursuite de l'existence après la mort trouve dans la foi au Christ sa plénitude, partagée par don gratuit au pécheur repentant : « Aujourd'hui, tu seras avec moi en Paradis » (Luc 23, 43), dans la paix, la joie et la lumière du face à face avec Dieu. « Celui qui croit en moi, fût-il mort, vivra » (Jean 11, 25).

Le sentiment religieux, aussi bien en Afrique qu'en Asie et en Amérique latine, n'a rien perdu de sa vitalité. L'Europe et l'Amérique du Nord en proie à la modernité retrouvent la permanence du besoin religieux. Un océan de sécularisation avait paru submerger le monde occidental. Mais des îlots ont subsisté. Et la vague aujourd'hui reflue. Une société de non-croyants ne peut se passer de croire. Et le retour du sacré s'y manifeste sous des formes archaïques et nouvelles. Des millions de charismatiques apportent le *Renouveau* aux Eglises chrétiennes. Le recul du rationalisme desséchant sonne le glas des Temps modernes marqués par l'*Aufklärung,* le scientisme et le marxisme. L'agnosticisme, le scepticisme, l'indifférentisme font place à un nouveau besoin de croire, pour respirer hors de la chape étouffante du matérialisme. L'expérience terrifiante de l'absence de Dieu dans l'espace dominé par l'idéologie brutale des sans-Dieu a fait redécouvrir la valeur irremplaçable de Dieu pour l'homme, le caractère indispensable de sa présence pour donner un sens à la vie, et son caractère unique comme antidote à la mort. L'absence culturelle de Dieu a fait découvrir l'importance vitale de sa présence réelle et mis en crise, avec la faillite du marxisme-léninisme athée, ses précédents rationalistes, comme présupposés au monde moderne. L'athéisme est l'hiver du monde et la foi en est le printemps (Pierre Emmanuel).

Le caractère tragique de l'existence ne s'épuise pas dans l'horizon immanentiste asphyxiant de l'intramondain. Du rivage terrestre, l'embarcadère religieux ouvert depuis des millénaires porte vers l'invisible présent et futur qui murmure au cœur de l'homme mortel son appel d'espérance immortelle : la foi religieuse est l'espérance terrestre en l'amour éternel.

« Il n'y a sur terre d'intéressant que les religions » (Charles Baudelaire). Cette conviction du poète, au seuil de la modernité, trouve dans l'étude des religions une profondeur insoupçonnée.

Si des religions sont mortes, la religion, tel le phénix qui renaît de ses cendres, est toujours vivante et bien vivante. Les soi-disant prophètes de la mort de Dieu sont morts. Dieu, parce qu'il est Dieu, ne peut pas mourir. L'homme créé à son image et à sa ressemblance lui est relié par la religion. Il affirme par ce lien sa vocation à vivre avec lui par-delà la mort de façon mystérieuse. « Sans le mystère, disait Gabriel Marcel, la vie serait irrespirable. » Et il ajoutait : « Dire, je t'aime, c'est croire que tu ne mourras pas. »

Un mouvement religieux intense ébranle les peuples en quête d'être et en mal d'avenir. Naguère marginalisé, voire refoulé, le sentiment religieux revient en force. Hier affronté au défi de la modernité, le religieux revient au cœur de la postmodernité. Des centaines de milliers de jeunes retrouvent le goût de la prière à Taizé. Ils sont plus de 1 million autour du pape à Czestochowa, 4 millions à Manille, qui chantent la joie de croire, d'aimer et d'espérer. A Paris, en août 1997, les Journées mondiales de la jeunesse réunissent un million de jeunes autour de Jean-Paul II, dans un élan de joyeuse espérance communicative. Les rues de la capitale ruissellent de bonheur partagé. Des fleuves humains débouchent du métro, des cars, des avenues, et transforment le champ de course de Longchamp en océan multicolore, aux vagues d'enthousiasme et de ferveur alternées. L'eau baptismale transfigure les visages, et la joie éclate en explosion finale d'allégresse : 2 millions de mains applaudissent à tout rompre Jean-Paul II qui proclame docteur de l'Eglise Thérèse de Lisieux, jeune, femme, carmélite, messagère d'amour et d'espérance. L'avenir n'est plus ce qu'il était après mai 1968.

Une immense espérance rajeunit le monde, l'espérance qui est la foi en l'amour, amour partagé, amour multiplié. Tout au long de l'Année sainte du Grand Jubilé de l'an 2000, des dizaines de millions de pèlerins de toute catégorie, en particulier une marée de jeunes débordant d'enthousiasme, en provenance des cinq continents, sont venus prier à Rome et ont passé la Porte sainte des grandes basiliques. Dans une culture dominante marquée par un dessèchement religieux produit par la société de consommation et le sécularisme, un authentique renouveau spirituel s'est manifesté et un nouvel élan a imprimé un dynamisme nouveau aux communautés croyantes à l'aube du IIIe millénaire.

En ce temps des orphelins, des magiciens et des manichéens, l'*homo religiosus* est porteur de l'avenir de l'homme. Sa conviction est que la vie est plus forte que la mort, car elle est le fruit de l'amour d'un Dieu qui s'est fait homme pour que l'homme soit fait Dieu et qui est mort et ressuscité pour que l'homme vive. Homme précaire ouvert sur l'Infini, à travers l'expérience du Sacré, l'homme passe infiniment l'homme, il est inlassablement épris de Dieu.

# BIBLIOGRAPHIE DES ARTICLES TIRÉS DE

Poupard Paul, *Dictionnaire des religions,* 3e éd. revue et augmentée, 2 vol. de xv-2 224 p., PUF, 1993.
« Histoire comparée des religions » (Julien Ries).
« Expérience religieuse, Absolu, Mystique » (Michel Delahoutre).
« *Homo Religiosus,* Religion du Paléolithique, Religion du Néolithique » (Julien Ries).
« Divinité hittite » (René Lebrun).
« Religion d'Egypte » (Jocelyne Berlandini, Pierre du Bourguet).
« Religions de la Grèce antique » (Jean Servais, André Motte, Liliane Bodson).
« Religion romaine » (Michel Meslin).
« Religion étrusque » (Raymond Bloch).
« Religions celtes et celto-romaines » (Jean Loicq).
« Religions germaniques » (Julien Ries).
« Croyances préchrétiennes slaves » (Kalman Sass).
« Religions mésoaméricaines » (Jacques Soustelle).
« Hindouisme, Divin dans l'Hindouisme » (Michel Delahoutre).
« Bouddhisme, Salvifique dans le bouddhisme » (Pierre Massein).
« Taoïsme » (Claude Larre).
« Religions d'Afrique noire » (André Boulanger).
« Religions australiennes » (René Bureau).
« Dieu » (André Manaranche, Henri Cazelles).
« Divin dans le christianisme, Trinité » (Joseph Doré).
« Islam » (Maurice Borrmans).

# BIBLIOGRAPHIE THÉMATIQUE « QUE SAIS-JE ? »

*Histoire du catholicisme,* n° 365
*Histoire du protestantisme,* n° 427
*Histoire du judaïsme,* n° 750
*L'Islam,* n° 355
*Le bouddhisme,* n° 468
*L'hindouisme,* n° 475
*Les religions africaines,* n° 632
*Les guerres de religions,* n° 1016
*L'au-delà,* n° 725
*Les hérésies,* n° 2838
*Les sectes,* n° 2519

# TABLE DES MATIÈRES

Imprimé en France
Imprimerie des Presses Universitaires de France
73, avenue Ronsard, 41100 Vendôme
Juillet 2001 — N° 48 294